CHÉRIE CARTER-SCOTT, PH.D.

# Si el éxito es un juego, éstas son las reglas

### DIEZ REGLAS PARA TENER UNA VIDA PLENA

TALLER DEL ÉXITO

# Si el éxito es un juego, éstas son las reglas

© 2009 • Taller del Éxito
© 2009 • Chérie Carter-Scott, Ph.D.


Título en inglés: If Success is a Game, These are the Rules
Traducción: Taller del Éxito Inc.

Publicado por:

Taller del Exito, Inc
1669 N.W. 144 Terrace, Suite 210
Sunrise, Florida 33323
Estados Unidos

Editorial dedicada a la difusión de libros y audiolibros de desarrollo personal,
crecimiento personal, liderazgo y motivación.


ISBN: 1-607380-01-3


Printed in the United States of America
Impreso en Estados Unidos


Primera edición, Febrero de 2009

*Dedico este libro a mi padre,*
*Milton F. Untermeyer, quien me enseñó*
*sobre el éxito por su actitud, conducta*
*y comportamiento. Su ejemplo me inspiró*
*a nunca darme por vencida en*
*la búsqueda de mis sueños.*

*También dedico este libro a mi mentor y amigo,*
*Warren Bennis, quien creyó en mí y quien ha sido*
*un modelo a seguir en mi vida profesional.*

# RECONOCIMIENTOS

A Debra Goldstein, mi otro yo, quien me ayudó a articular, definir, recordar, clarificar y a escuchar la guía que quiere ser transmitida en este libro.

A Lauren Marino, mi editora, quien cree que se pueden fusionar los principios espirituales con la vida diaria. Su guía, dirección y retroalimentación aseguran que este libro pondrá a las personas que lo lean en la senda del éxito en todo lo que emprendan.

A Bob Barnett y Jackie Davies, mis ángeles guardianes a quienes estoy profundamente agradecida.

A Stephen Rubin, quien cree en mí, y en la visión, experiencia y sabiduría expresada en los libros *Juego-Reglas*.

A Donna Gould, mi publicista, por su dedicación, compromiso e incansable misión.

A Linda Michaels, quien manifiesta su sentido de compromiso con el mundo entero para transmitir este mensaje.

A Pat Brozowski, Bob Burt, Joe Netherland, Jeff Garnes, Jeff Jacoby, Jim Bell, Judy Smeltzer, Rob Christie, Bill Granville, Jim Veny, Rita Blutler, Jim y Barbara Ballard, Cathy Swigon, Jeff Link,

Tom Kline, y a todos los amigos en FMC, quienes han estado dispuestos a ir a través del excitante y a la vez incómodo proceso de promover el éxito a niveles cada vez mayores.

A Robert Allen, quien se asegura de que los libros siempre estén disponibles, y a Debbie Stier quien es la mente maestra en la publicidad.

A Lynn Stewart, mi hermana y compañera de negocios durante veinticinco años, ella es "el viento bajo mis alas." Su apoyo es incomparable.

A Rachel Golbert, quien suministra lo que sea necesario y despliega el espíritu de un ángel.

A Sara Nelson, quien se dedica a hacer que el mayor número de personas alcance satisfacción y logro en sus vidas.

A Judy Rossiter, el contacto principal para la gente que quiere experimentar la fuerza de su voluntad.

A Michael Pomije, mi amado, mi alma gemela y mi compañero, quien apoya todos mis proyectos, mis sueños y mis metas.

A todas aquellas personas y organizaciones que han permitido *que MMS Institute, Inc.*, les inspire para recorrer su camino. Es de estas experiencias que se trata este libro.

# ÍNDICE

*Si alguien avanza confiado hacia
la obtención de sus sueños y se
esfuerza por vivir la vida que
ha imaginado,
Entonces hasta encontrará el éxito
que ni siquiera había esperado.*

*Si usted ha construido castillos en el aire,
no pierda su obra;
esto es lo que debe hacer:
ponga los fundamentos bajo ellos.*

# INTRODUCCIÓN

Cuando empecé a explorar las "reglas del éxito," sentí que primero debería definir lo que significa la palabra "éxito". Pensé con bastante detenimiento e intensidad sobre su significado. Entrevisté a varias personas conocidas y abordé a muchas otras que no conocía para averiguar lo que significaba la palabra "éxito" para ellas. También consulté las biografías de muchas personas famosas que, de algún modo, habían alcanzado el éxito. Fue entonces cuando la primera verdad se hizo evidente: El éxito significa diferentes cosas para las diferentes personas.

A continuación investigué un poco más a fondo y encontré que detrás de la visión, los sueños y las metas de cada persona subyace un aspecto fundamental: el deseo universal de tener sentido de logro. Aún cuando muchos sueñen con obtener riquezas, otros con fama y aún otros con sentir que hacen la diferencia, todos ellos concuerdan en que sentirse realizados es la medida plena del éxito. No sorprende que Warren Buffett, uno de los hombres más ricos del mundo, señalara que la felicidad es el elemento clave para definir el verdadero éxito.

La siguiente pregunta vital que me sentí impulsada a considerar fue: ¿Cuál es la diferencia entre éxito y logro? Entonces descubrí que el éxito se mide en primera instancia por estándares externos mientras que el logro se experimenta a nivel interno. Nadie más puede sentirse realizado sino solamente uno mismo. Sin embargo, el mundo en su propio criterio, lo juzga a uno como exitoso a través de sus propios estándares.

Si el mundo lo considera exitoso a uno, ello significa que uno ha alcanzado sus propias metas y expectativas, o de otro modo que uno ha sobrepasado los estándares promedio que se fijan la mayoría de personas. La realización de las metas es el principal instrumento de medición que utiliza el mundo para determinar el éxito. Ello puede implicar, romper records, amasar fortunas, ser el primero en hacer algo, o romper algún paradigma. Ser el mejor en algo, inventar una cura, o superar una gran barrera, hacen que las personas lo consideren a uno como un candidato para entrar al salón de la fama del éxito.

El logro, sin embargo, es algo un tanto diferente. El sentido de logro es un sentimiento que proviene de lo más profundo de nuestro interior y que toma posesión completa de nuestro ser. Es el sentimiento de profunda satisfacción y de contento que se experimenta al final del día cuando uno va a su recámara antes de dormir, sabiendo de corazón que se han alcanzado o excedido las expectativas propuestas. Tener sentido de logro significa estar "lleno, satisfecho", junto con un altísimo sentimiento de bienestar.

Cuando el sentido propio de bienestar y los símbolos externos de logro convergen, se puede decir que se ha alcanzado el "éxito". Una cosa sin la otra puede compararse a una vela sin una cerilla. Las dos pueden estar separadas, pero cuando se usan juntas, se produce de forma milagrosa una llama que produce luz y calor.

Las reglas para una vida que nos satisfaga, las cuales vamos a considerar a continuación, no son reglas que lo conduzcan a uno al reino mágico de la prosperidad. Más bien, éstas son verdades universales que preceden a todos los individuos y a todos los proyectos exitosos. Son la esencia de lo que nos conecta como seres humanos con el desarrollo de nuestro pleno potencial.

Si usted desea alcanzar el éxito, entonces tendrá que imitar las pisadas que otros han dejado impresas en la arena en su camino hacia el éxito. Al seguir su rastro, usted encontrará su propia verdad esencial, de modo que también podrá imprimir sus propias pisadas, las cuales serán la definición de su propia experiencia personal de éxito.

Para conocer la esencia del éxito, usted necesitará viajar a través de estas verdades universales. Aún si yo misma no las dejara registradas aquí, existen todas las posibilidades de que las encuentre en su propio camino. El propósito de este libro es acelerar su proceso de aprendizaje y facilitar su viaje personal hacia el logro de una vida que le satisfaga.

Mi deseo es que usted encuentre su propia definición de éxito y que camine grandiosamente por la ruta que lo lleve a su realización. Mi anhelo es que descubra sus verdades interiores, la convicción de creer en sí mismo, que tenga los recursos para encontrar su camino, y el coraje para levantarse cuando el mundo espere su caída. Que usted pueda aprender las lecciones que la vida le presente y que pueda alcanzar todas sus metas con satisfacción plena, logro auténtico y felicidad.

Disfrute su viaje. Bendiciones,

Chérie Carter-Scott, Ph, D.

# PRIMERA REGLA

*Cada persona tiene su propia
definición de lo que es el éxito*

No existe una definición universal de lo que es el "éxito."
Cada persona tiene su propia visión individual de lo que
significa estar plenamente satisfecho.

El éxito consiste en muchas cosas. Es tanto un concepto como una experiencia; un momento y también una evolución. Es la fusión de las aspiraciones con la realidad, la combinación de las esperanzas y de los sueños con la cotidianidad. Es la mezcla simultánea de lo tangible y lo efímero, lo cual produce una sensación de ser universalmente cuantificable. El éxito es algo que puede medirse a nivel externo, sin embargo, es algo que puede experimentarse intrínsecamente, a nivel interno; es tanto objetivo como subjetivo. La verdadera esencia del éxito, reside bajo los marcadores y metas tangibles, subyace en el propio sentido personal de satisfacción y logro.

¿Qué viene a su mente cuando usted piensa en la palabra "éxito"?

¿Qué imágenes ve? ¿Qué siente en su interior cuando experimenta el éxito? ¿Se visualiza usted alcanzando la cima de su profesión? ¿Se imagina amasando una gran fortuna? ¿Significa para usted el éxito ver su rostro en la portada de una revista o que su nombre aparezca en la publicación *Who's who*?. Para muchas personas el éxito puede ser una o varias de las cosas anteriormente mencionadas o puede ser algo totalmente diferente; algo como obtener suficiente dinero para pensionarse a los cincuenta años, tener su propia exhibición de arte en una galería, o dirigir como entrenador a un equipo de niños para lograr la victoria en un campeonato deportivo. Para algunos el éxito consiste en obtener un gran logro, para otros se representa en las recompensas que se reciben a diario, y aún otros, lo obtienen cuando alcanzan su misión en la vida. Puede significar ser un buen amigo, o criar hijos socialmente responsables o convertirse en un abuelo amoroso. Para algunos, el logro se obtiene cuando se ha vivido una vida de ética y honorabilidad o de acuerdo con los valores y la conciencia. Para muchos, encontrar o mantener una relación romántica o un matrimonio es la meta. Para otros, consiste en vencer una discapacidad, una dificultad, un desafío o un obstáculo. En muchos casos, superar los antecedentes atléticos, financieros, históricos o científicos, se convierte en la forma concreta de alcanzar el éxito.

Puesto que cada persona es un individuo único, compuesto de sus propias visiones y normas, cada uno define el éxito a su propia manera. Mi definición probablemente no sea la definición que usted tenga, y esa misma definición es muy probable que no sea exactamente la misma que la de otras personas que usted conoce. Somos una constelación de individuos, cada uno con su propio lugar en el universo destellando el brillo que procede de nuestro interior. La primera regla básica para el éxito, y quizás la más importante de todas, es que no hay una definición universal de "logro." Cada uno de nosotros tiene su propia definición y cada una de esas definiciones es igualmente valiosa y válida.

## LAS NORMAS DEL ÉXITO

La definición de éxito en la cultura popular de las naciones industrializadas está basada principalmente en tres elementos: poder, dinero y fama. Se asume que si usted disfruta de gran abundancia, tiene estatus de poder o se le reconoce como una celebridad, entonces ha alcanzado el "éxito," según la definición de la sociedad. Hasta si usted posee alguno de esos tres atributos se considera que usted clasifica para encajar en esa definición.

Sin embargo, esta definición presenta un gran problema: es inmensamente limitada. Excluye a una gran multitud de personas que son exitosas en su propio estilo y que definen el éxito a través de una serie de normas totalmente diferentes. Son el tipo de personas cuyos extractos bancarios no se destacan entre los demás, quienes no ostentan gran autoridad sobre otros y que pasan totalmente desapercibidos cuando caminan por la calle. Son personas que han alcanzado las metas y sueños que ellos mismos han fijado para sí mismos en vez de adoptar los que fija la sociedad.

Considere, por ejemplo, al profesor que enseña a un grupo de estudiantes valores, autoestima y amor por la naturaleza. Sin duda está creando un entorno donde los niños se desarrollan de forma saludable cultivando principios de gran valor, ¿es este hombre menos exitoso que aquel magnate de los negocios que concreta grades alianzas corporativas?

Piense en la persona que se ofrece a servir voluntariamente en un hospital y que dedica tiempo a leer a los ancianos cuyos ojos ya no pueden hacerlo, ¿es esta persona menos exitosa que el jugador profesional de béisbol que se anota la carrera de la victoria y se convierte en el mejor jugador de la temporada?

Piense en el científico que ha dedicado su vida a encontrar la cura para el cáncer, ¿se le considera exitoso sólo si descubre la cura? ¿Son de valor las horas que ha dedicado a la investigación sólo si logra alcanzar el resultado anhelado? ¿Se logra el éxito sólo cuando se obtiene un resultado o también puede medirse a través del compromiso, la perseverancia y la búsqueda de esa meta final?

¿Qué hay del hombre de mediana edad que abandona su práctica profesional como abogado para ir tras el sueño de su vida de diseñar y vender canoas? Si su deleite está en hacer lo que lo hace feliz, ¿es él menos próspero que la celebridad que obtiene diez millones de dólares por película?

El éxito no tiene forma, y como el amor, que es inconmensurablemente intangible, no existe método universal con el cual se pueda medir. Lo que el éxito significa para una persona puede no tener ningún sentido para otra. Puede constituirse en la meta global de muchos, pero al final tener un solo juez, y ese juez es usted y sólo usted. Sólo usted puede medir ese éxito. Porque es usted únicamente quien puede determinar lo que el éxito verdaderamente significa para usted.

## LOS DIFERENTES MODELOS DEL ÉXITO

> *Asegúrese de tener y conservar sus dos ojos.*
> —Laurie Beth Jones

Cuando vino a mi taller, Dana estaba en sus treinta y estaba experimentando en su trabajo lo que ella misma denominó "una sensación flotante de desasosiego." Ella disfrutaba su posición de alto nivel en una gran empresa de computadores. No obstante, había una pequeña voz en su interior que le decía que todavía había algo más. Había alcanzado todas y cada una de las metas que se había propuesto, lo que incluía ascensos, aumentos de salario, y hasta el ventanal más codiciado de la oficina. Sin embargo, no se sentía satisfecha.

A medida que Dana hablaba, yo tomaba nota de frases como "Me debería sentir feliz" y "parezco exitosa pero me siento un fracaso." De modo que le pedí a Dana que me indicara qué la haría sentir una mujer exitosa. Ella hizo una pausa larga, de alrededor de quince segundos, y exclamó: "Quisiera poder traer mi mascota al trabajo."

Al parecer Dana siempre había abrigado en su mente la idea de poder traer al trabajo a su querido perro, Bodhi. En ocasiones visitaba a una amiga quien trabajaba en una agencia de publicidad de una *boutique*, y le deleitaba ver al schnauzer, del dueño de la agencia, saludar a los clientes en la puerta. Para Dana, poder traer su mascota al trabajo significaba autonomía; significaba una de dos cosas: o había escalado lo suficiente en la escalera corporativa que estaba por encima de las reglas o tenía su propia empresa en la que ella pudiera establecer sus propias reglas. Tomar una decisión al respecto no fue difícil para ella. De modo que ahora Dana vive feliz administrando su propio sitio de negocios en la web y Bodhi dormita apacible bajo su escritorio.

Para algunas personas, como Dana, el éxito es sinónimo de autonomía. Para otras, significa libertad financiera. Troy, por ejemplo, abrigaba el deseo de ganar suficiente dinero a fin de pensionarse a la edad de cincuenta años y pasar el resto de sus días viajando alrededor del mundo con su esposa. Para él el éxito significaba estar en condiciones de poder pagar por las cosas que quería hacer y disfrutarlas.

Para Jeff, un comisionista de bolsa en sus cuarenta, el éxito también podía medirse en términos financieros. El suyo, sin embargo, era un tanto diferente al de Troy. Su visión consistía en tener suficiente dinero para comprar una casa en Las Vegas donde pudieran vivir sus padres jubilados. Jeff estaba inmensamente agradecido con sus padres por todo lo que ellos habían hecho por él, tanto, que en ocasiones habían tenido que emprender dos trabajos al mismo tiempo para poder enviarlo a la universidad. Poderlos cuidar en sus años de vejez era el motivo de mayor gozo y satisfacción para Jeff.

Nina, una decoradora de interiores que viajaba extensamente, no lograba adaptarse a los procesos de logística. Sus sueños de prosperidad consistían en estar en condiciones de contratar gente que le pudiera ayudar a hacer cosas como reparar los computadores cuando estos experimentaran problemas, instalar estantes en los closets, limpiar su apartamento cuando no tuviera tiempo para hacerlo ella misma, hacer los preparativos de los viajes y cosas así por el estilo. Para Nina el logro se materializaba en la forma de obtener suficiente dinero para contratar gente que le sirviera de apoyo en su vida atareada.

Para algunas personas el éxito se define como estabilidad y satisfacción emocional. La niñez de Sandra fue difícil y tumultuosa, de modo que ella se propuso la meta de tener un hogar que fuera feliz y armonioso con su familia. Todas las noches cuando ella se sienta a cenar con su esposo y sus tres hijos le invade una inmensa sensación de logro. Para Sandra, el éxito se alcanza cada momento que experimenta el gozo de estar junto a su familia.

Muchos padres (¿y por qué no decir todos los padres?) intentan criar a sus hijos de la mejor manera posible y ello representa una gran medida de éxito. A pesar de que Jacqueline Kennedy Onassis fue una personalidad conocida internacionalmente por su estilo de vida próspero y glamoroso, ella consideraba su labor como madre singularmente la más importante. Se le escuchó una vez decir que: "Si alguien descuida la crianza de sus hijos, no estoy segura si podrá encargarse de otra cosa lo suficientemente bien."

El éxito también puede definirse como gloria; como la que experimenta el atleta que gana una carrera o el alpinista que corona el monte Everest. Para quienes sirven a su país en el ejército, el éxito también podría definirse en estos mismos términos.

El valor puede ser un camino que conduce al éxito, como en el caso de quienes tienen que encontrar dentro de sí mismos la resistencia para vencer una enfermedad seria o quienes tienen que enfrentar grandes tragedias en la vida. Helen Keller, es quizás el nombre más famoso que simboliza el valor. Triunfó en la vida a pesar de no poder ver ni escuchar nada, lo cual constituye un recordatorio contundente de lo que puede vencer el espíritu humano. Su legado incluye una de mis frases célebres favoritas: "La vida es o una aventura en la que hay que atreverse o no es nada." Y la vida de Helen Keller ciertamente fue lo primero.

Otra definición de éxito consiste en hacer la diferencia. Una manera de hacer la diferencia es cambiar la forma en que la gente percibe la realidad. Elizabeth Kübler-Ross fue la primera persona en confrontar públicamente el concepto de dolor dentro de la comunidad médica. Como resultado de esto, el mundo llegó a entender y a incorporar una forma distinta de afrontar la pérdida. Sus esfuerzos de toda la vida hicieron que se incorporara de nuevo en la medicina el manejo de los sentimientos del paciente. Para ella, y para muchos otros como ella, el éxito ha significado cambiar el *estatu quo*.

Tal vez para usted el éxito implique adquirir conocimiento y entendimiento. Leonardo da Vinci se maravilló ante la naturaleza del hombre y su lugar en el universo. Unos días antes de su muerte escribió: "Como un día bien aprovechado produce un sueño agradable, así también ocurre con una vida bien aprovechada al momento de morir." Aunque su vida terminó en relativa pobreza y oscuridad es claro que sus palabras reflejan que consideraba que había alcanzado el éxito en la vida.

El éxito se definía para él en sus propios términos, en una vida útil la cual fue dedicada a buscar la verdad en todas las cosas, la filosofía, el arte, la música, la anatomía y las matemáticas, para luego compartirla con otros.

Para mí, lograr tener un profundo impacto en la vida de una persona significa que mi vida no ha sido vivida en vano. Cada vez que dicto un seminario y veo que hay un chispazo de brillo en los ojos de un participante, siento que he alcanzado el éxito.

Cuando veo que la gente logra cambiar su comportamiento y alcanzar sus sueños, terminando así un ciclo de auto sabotaje y que empiezan a amarse a sí mismos, eso es lo que me produce un intenso sentido de logro.

Por supuesto, ninguna definición particular del éxito es mejor que otra. Desear tener suficiencia financiera no es menos digno que aspirar a tener su rostro en la portada de una revista o intentar hacer que una serie de decretos sean aprobados por el congreso. La meta de la madre Teresa de ayudar a los pobres y hambrientos ciertamente es un motivo noble, pero aquello no hace menos válida la meta que tiene Richard, uno de mis clientes, quien aspira a tener y administrar su propio negocio de pastelería.

Cualquiera que sea su sueño, trátese de dinero o satisfacción, de santidad o popularidad, fama o autenticidad, lo que hace a su sueño tener valor y propiedad es que es el suyo. Sólo usted puede fijar los estándares de lo que significa para usted tener éxito en la vida, porque es usted el único que conoce en su corazón lo que verdaderamente le dará satisfacción y hará que la vida valga la pena vivirse.

## SU DEFINICIÓN PERSONAL DEL ÉXITO

*Insista en ser usted mismo. Nunca imite a otros.*
—Ralph Waldo Emerson

¿Qué significa para usted el éxito? ¿Qué implica para usted sentirse realizado en la vida? ¿Cuáles son sus aspiraciones?

Establecer su propia definición de lo que el éxito implica para usted es importante porque impedirá que invierta tiempo y energías preciosos en metas que no son de ninguna utilidad para usted. También puede resultar bastante fácil mantener el *statu quo* y aspirar alcanzar los indicadores de éxito comunes. No obstante, a pesar de que el mundo pueda aplaudir tales esfuerzos, las metas con las cuales usted no esté plenamente conectado en principio no tienen ningún valor.

Cada vez que uno alcanza una meta que no es auténtica experimenta una sensación de vacío en vez de una sensación de satisfacción, y esto ocurre porque la dispersión de metas lo alejan de la verdadera meta. Si uno sigue las expectativas culturalmente aceptadas del éxito como obtener dinero, poder y fama sólo porque aquello supone que es lo que uno debe alcanzar, entonces experimentará la desazón cuando finalmente lo alcance. Si uno no logra conectar sus propios valores personales, un día despertará habiendo alcanzado las metas pero sintiéndose desconectado de sí mismo.

Si uno dobla la esquina para llegar a su oficina, pero de verdad no desea hacerlo, lo que ocurra allí nunca lo logrará impresionar. Si usted sabe que el éxito en su caso consiste en construir una cabaña en el bosque y vivir una vida en soledad apacible, a la manera de Thoreau, entonces cada elogio que escuche en el día de su despedida quedará resonando en sus oídos. Si amasa una fortuna pero en privado considera que la prosperidad es otra cosa, entonces el dinero depositado en las cuentas bancarias nunca le dará satisfacción a sus necesidades más profundas. Un sueño realizado que no es el sueño de uno, es semejante a recibir un helado deliciosamente preparado pero con los sabores que no le gustan a uno. Es posible que se vea exquisito, pero su sabor no satisface las verdaderas expectativas.

## LO IMPORTANTE DE DETERMINAR LO QUE EL ÉXITO SIGNIFICA PARA UNO

Uno puede empezar a determinar lo que el éxito significa para uno examinando los dictados culturales que lo intentan definir y viendo si verdaderamente se identifica con ellos. Adquirir importancia, influencia, el estatus de persona muy importante, tener automóviles de lujo, ser un orador elocuente, tener un matrimonio "normal," o adquirir relojes costosos, son medidas externas de lo que la sociedad por lo general considera como indicadores de éxito. Tal vez esto sea así porque estos son los marcadores de éxito más conocidos universalmente. Si estos elementos le interesan, entonces podrá proyectar su visión a partir de ellos. Así podrá perseguir su sueño y trabajar hacia la obtención de las recompensas que le traerán felicidad.

Sin embargo, con frecuencia la gente va tras los estándares y metas populares sin realmente saber por qué. Tal vez quedan atrapados en un torbellino intentando "no ser menos que los demás." Cuando uno persigue el éxito como una prueba de dignidad está entregando su vida y sus esfuerzos al criterio de otros. Por otra parte, cuando el éxito se persigue en plena armonía con los valores más recónditos del propio ser y sus metas se convierten en la confirmación de su verdad interna, uno honra de forma auténtica y significativa su propia existencia en la tierra.

El éxito puede ser evaluado de forma externa por los observadores quienes analizan si uno ha alcanzado los estándares establecidos por la sociedad. No obstante, al final del día, se experimenta un sentimiento de tranquilidad o de vacío. La sensación de tranquilidad significa que uno ha vivido su día de acuerdo con las expectativas y metas personales. La sensación de vacío, por su parte, es un indicio de que uno ha ido en pos de una definición de éxito y logro que nunca fue auténticamente suya.

ESTABLEZCA SU PROPIA VISIÓN

Con el propósito de ayudar a mis clientes a formular su propia visión, les recomiendo realizar el siguiente ejercicio, el cual casi siempre, les permite determinar con precisión qué es lo que les produce verdadero sentido de logro:

Complete las siguientes frases escribiendo sus propias

respuestas en una hoja de papel. No bastará simplemente con completar las oraciones en la mente cuando las lea. Usted deberá escribir las respuestas sobre el papel. Podrá modificar lo que haya escrito, pero asegúrese de escribirlo.

1. La gente que yo considero exitosa es...
2. Yo siento que he alcanzado el éxito cuando...
3. Mis símbolos de éxito son...
4. Yo sentiré que habré alcanzado el éxito cuando...
5. Si yo tuviese que escribir mi propio obituario basado en el hecho de que mi vida fue un éxito, escribiría...

Por ejemplo, como respuesta a la primera pregunta, usted podría hacer una lista de las personas que conoce personalmente que son exitosas, como el presidente de su compañía, un miembro del club o su vecino Miguel, quien construyó una piscina en su patio trasero. O usted tal vez quisiera escribir el nombre de personas que no conoce personalmente pero que admira de lejos, puede ser un atleta famoso, un reconocido empresario o un periodista respetado. Al identificar quiénes son sus modelos entonces puede determinar los atributos y comportamientos que desea imitar.

Por ejemplo, Bianca escribió el nombre de Rose, su abuela fallecida, y declaró que la admiraba por haber alcanzado sus metas. Rose fue una mujer admirablemente emprendedora e inteligente, y aunque era muy raro oír en su día que una mujer asistiera a la universidad, luchó para ser admitida en una institución de educación superior de la ciudad donde vivía. Pese a la recia oposición de su familia, al descontento de la gente, de su pueblo, y a los numerosos obstáculos que le interpusieron los miembros del comité de admisiones de la universidad, Rose estudió una carrera profesional y obtuvo un título como doctora en medicina. Rose siguió adelante y se convirtió en cirujana en un tiempo en que se esperaba que las mujeres se cubrieran hasta los tobillos y se quedaran en casa comportándose como señoritas de sociedad.

Al reflexionar, Bianca vio que era el valor en medio de la dificultad lo que le atraía de Rose y se dio cuenta de que esta era la cualidad que deseaba desarrollar. Años después, cuando se le diagnosticó cáncer, mucho tiempo después de que Rose hubiera muerto, Bianca acudió a la conexión espiritual de su abuela para obtener la fuerza interior necesaria para luchar contra su enfermedad.

Para completar la segunda frase: "Yo siento que he alcanzado el éxito cuando…" piense en los momentos de la vida en los que se haya sentido completamente realizado. ¿Ocurrió eso al momento de adquirir algo? ¿Fue cuando recibió elogios o la felicitación de otros? ¿Ocurre cuando logra transformar positivamente la vida de otros? ¿Qué es eso que le proporciona el sentimiento de que está alcanzando su potencial? Saber la respuesta a estas preguntas le mostrará la ruta de lo que el éxito representa para usted.

En respuesta a la segunda declaración, Abe, un vendedor de automóviles, escribió: "Me siento exitoso cuando veo que mi cheque de comisión mensual sobrepasa la cifra de $X$ dólares." Para Abe, alcanzar una meta financiera le hacía reforzar su confianza en su habilidad como vendedor y le hacía sentir exitoso en su cometido.

Completar la cuarta declaración: "Yo sentiré que habré alcanzado el éxito cuando…" le da a uno la oportunidad de explorar sus aspiraciones futuras. Escribir la declaración "Yo" frente a los deseos de uno, es una herramienta poderosísima. Por ejemplo, recuerde a Dana con su perro. Tenía algún efecto decir que su definición de éxito consistía en poder llevar su mascota al trabajo. Sin embargo, al decir, "Yo me sentiré completamente realizada cuando pueda llevar mi perro al trabajo" hizo la diferencia. Ella se posicionó frente a su visión. Hacerlo le dio dominio sobre su deseo.

Por último, la pregunta número cinco: "Si yo tuviese que escribir mi propio obituario basado en el hecho de que mi vida fue un éxito, escribiría…" podría parecer nefasta. No obstante, es en verdad uno de los ejercicios más inspiradores que usted pueda hacer. Gary Wollin, mi asesor financiero personal, un hombre brillante cuya vida está dedicada a apoyar las metas financieras de la gente, me pidió que hiciera este ejercicio. Él descubrió que cuando la gente verdaderamente sabe qué es lo que quiere en la vida, entonces puede tener los medios económicos para apoyar sus intenciones.

He observado que muchas personas posponen hacer el ejercicio porque los enfrenta con la realidad de lo inevitable de la muerte. Sin embargo, yo he descubierto que, por el contrario, cuando uno confronta su vida, uno puede ser lo suficientemente honesto respecto a lo que quiere alcanzar en ella. Es un poco incómodo escribir acerca de grandes sueños porque éstos pueden sonar muy ambiciosos o poco realistas, pero a menos que uno se permita imaginar su vida ideal no podrá empezar a hacer que ésta se cumpla. El poder visualizarse a uno mismo al final de su vida haciendo una mirada retrospectiva constituye una herramienta útil para proyectar lo que se espera cumplir a lo largo de la vida.

Busque un lugar cómodo y tranquilo donde pueda concentrarse libre de distracciones. Empiece con escribir o teclear su propia biografía como se podría leer en este mismo momento. Escríbala haciendo uso del tiempo pasado y en tercera persona. Por ejemplo, "Nació en..." y así por el estilo. Incluya todos los momentos relevantes, logros, sucesos, y experiencias que hayan contribuido a su desarrollo hasta el presente.

La segunda parte debería comenzar como si se tratase de mañana y avanzar en progresión hasta el día en que haya de morir. Esto también debería escribirse utilizando el tiempo pasado, puesto que, después de todo, es su obituario. Escriba como si todos sus sueños se hubieran cumplido y como si todos los deseos de su corazón se hubieran realizado... Haga de este obituario la expresión más poderosa y significativa de su vida marcada por los logros. Incluya cualquier cosa y todo lo que pueda imaginarse haciendo, e incluya elementos que no sean posibles alcanzar pero que le gustaría ver realizados si el mundo fuera perfecto. Esta es una buena oportunidad para explorar y dejar volar la imaginación.

Mientras escriba, no edite ni juzgue lo que escribe. Más bien, registre en el papel todo deseo, esperanza, sueño, meta o aspiración que venga a su mente. Más tarde podrá editar lo que escribió si lo desea. Cuando haya terminado, considere cuidadosamente lo que usted dijo que quería hacer con su vida y pregúntese si es eso lo que le gustaría que llegara a convertirse en realidad. Si no lo es, reedite su obituario según sea necesario (¡eso es lo bueno de escribirlo mientras todavía está vivo!). Cuando se encuentre plenamente satisfecho, llévelo a un lugar donde pueda leerlo y releerlo con regularidad y comience a planear cómo es que lo podrá hacer realidad.

La descripción más exacta de lo que es el éxito es que éste no puede ser interpretado de forma universal. Cada persona tiene su propia visión de lo que implica alcanzar el éxito y de lo que significa ser exitoso, lo cual puede ser tan único y personal como las huellas digitales. El secreto para alcanzar el éxito personal consiste en examinar el corazón para establecer qué es lo que verdaderamente le interesa a uno y entonces fijar los estándares necesarios para alcanzarlo. Las posibilidades de alcanzar el éxito, provistos de tal conocimiento, se multiplican por miles. Así podrá dar valerosamente el primer paso en la ruta que inicia el viaje de su propia realización personal y de la vida satisfactoria que usted merece vivir.

# SEGUNDA REGLA

*Querer alcanzar el éxito es el
primer paso para conseguirlo*

EL JUEGO DEL ÉXITO SE PONE EN MOVIMIENTO
CUANDO SE EXPERIMENTA LA CHISPA INICIAL DEL DESEO.

E l éxito es un proceso que se gesta desde el interior de cada persona. Puede comenzar como un instante de esperanza, que luego se desarrolla en un pensamiento que planta la semilla de la promesa dentro de nuestro ser. Es un viaje cuyo paso inicial empieza a través de la motivación interna. Cualquiera que sea el sueño que usted pueda tener, éste necesita ser activado en la forma de deseo antes de que pueda transformarse en realidad. En otras palabras, usted necesitará querer lograr el éxito activamente para poder alcanzarlo.

Esta regla del éxito es tan fundamental que tal vez usted se pregunte por qué es necesario mencionarla. Después de todo, ¿quién de nosotros no desea triunfar en la vida? ¿Existe alguien que se detenga a pensar si alcanzará la cumbre de sus metas, o si sólo logrará la mitad de lo propuesto o quizás sólo se quede en el inicio del proceso?

Pregúntese lo siguiente: Si toda la gente desea ser exitosa, ¿por qué no alcanza el éxito todo el mundo? La respuesta es que no todo el mundo entiende el hecho de que el éxito lo obtienen únicamente aquellos que tienen el valor y la convicción de decir "Yo quiero."

Digamos que usted siente una fascinación especial por los botes. Cuando usted conduce cerca de la playa o va a un restaurante de comida marina piensa en lo divertido que sería tener un bote. Es posible que hasta fantasee respecto al tipo específico de bote que le gustaría tener, tal vez un catamarán, un bote de velocidad, o un yate de lujo. Tal vez imagine los buenos momentos que disfrutaría surcando las azules aguas cristalinas y respirando el fresco aire del mar. Probablemente hasta en ocasiones hable a su familia y amigos respecto a lo agradable que sería tener un bote.

Dado este escenario, es muy probable que no llegue a poseer el bote en el futuro cercano. ¿Por qué? Porque "sería agradable" no es lo mismo que decir "Yo lo quiero." Sencillamente la primera expresión no tiene la misma intensidad, impulso y causalidad.

La expresión "sería agradable" es hipotética, es un deseo vago. Mientras que la expresión "Yo lo quiero," da propiedad a su deseo y lo pone a usted en el cuadro. "Sería agradable" exterioriza su deseo pero lo distancia a uno de éste. "Yo lo quiero" lo pone a uno dentro del rango de alcance de este. Los deseos concretos y sustanciales lo ponen a uno en el asiento del conductor, mientras que los deseos vagos lo mantienen a uno confinado al asiento de atrás. Apropiarse del deseo es la chispa que inicia el motor del éxito.

Todo comienza con "querer". Querer alcanzar algo diferente de lo que se tiene en las circunstancias actuales es el inicio del proceso. Identificar los cambios que se quieren implementar pone en movimiento el proceso de obtener el éxito. Es posible que no siempre uno obtenga lo que quiere, pero uno puede estar completamente seguro de que nunca alcanzará sus metas si no comienza sembrando la semilla de aquello que se llama "querer."

## EL PODER DEL DESEO

*Nada en este mundo es imposible para un corazón dispuesto.*

—Abraham Lincoln

Ningún equipo en la historia de la Súper Copa obtuvo el trofeo Vince Lombardi con el pensamiento "Sería agradable si..." Los miembros del equipo querían ganar, probablemente tan vehemente que estaban dispuestos a mover cielo y tierra para lograrlo. Fue ese intenso deseo el que los llenó de determinación, lo que a su vez, los llevó al éxito.

Lo mismo ocurre con los individuos. Cuando usted quiere algo, y realmente lo desea, se produce una reacción interna que fluye de su interior y que dice "Sí." Ese impulso tan intenso que tenemos a la edad de cinco años, deseando alcanzar un juguete, lo tenemos también a los cincuenta deseando tener la casa de nuestros sueños.

La energía que se libera al momento en que surge el deseo genera una de las fuerzas magnéticas más poderosas del universo.

Cuando yo tenía veinte años de edad, mi esposo y yo deseábamos, después de graduarnos, empacar maletas y emprender un viaje por las islas hawaianas. Ambos deseábamos intensamente hacer el viaje, queríamos explorar las maravillas fascinantes de Hawái como nadie jamás lo hubiera hecho. Deseábamos darnos la oportunidad de depender únicamente de lo que lleváramos en nuestros morrales y conectarnos al gran mundo de la naturaleza. Muy pronto tendríamos que enfrentar la vida real, de modo que queríamos hacer un alto en el camino y probar una experiencia como esta antes de enfocar toda nuestra atención en nuestras carreras y los quehaceres de construir una vida.

Yo deseaba tanto tener esa aventura que hubiera hecho cualquier cosa para hacerla realidad, ello a pesar de tener fondos insuficientes y la objeción de algunos familiares. Bill y yo empacamos maletas y nos fuimos. Aquella experiencia quedó fijada indeleblemente en mi memoria como una de las mejores experiencias que he tenido. Durante tres meses estuvimos explorando cuevas ocultas, conocimos a los nativos de la isla, aprendimos sobre costumbres ancestrales, comimos frutas que recogíamos con nuestras propias manos y nadamos en grutas recónditas. La experiencia de hacer ese viaje una realidad está entre las mejores cosas que me han ocurrido y en realidad dudo de que hubiese sido posible si hubiéramos dependido del sentimiento "Sería agradable empacar maletas e ir a Hawái", ¿no es así?

Piense por un momento en algo que deseó con todo su ser haber tenido en su vida. Puede ser un viaje, una relación específica o algo tan simple como un pedazo de pastel preparado por su abuela. ¿Habría movido cielo y tierra para conseguirlo?

"Querer" constituye un deseo profundo que emana de nuestro interior, desafía la razón, la lógica y el pensamiento racional. Es un sentimiento innegable, es un vislumbrar cómo deberían ser las cosas. Sea que su impulso consista en remodelar su cuarto de baño, hacer un viaje, o hacer un negocio, los "deseos" son los momentos de la verdad interna. Son los secretos del alma.

El deseo susurra sin pedir permiso, desde un lugar recóndito. El deseo es capaz de decir lo que uno se ha reservado y no se atreve a decir. Los alcances del deseo pueden producir efectos incómodos, porque un deseo puede ponerlo a uno en riesgo. Ellos hacen que uno se salga de su zona de confort y emprenda actividades totalmente nuevas. Son el tiquete a nuevas aventuras. Los deseos están destinados a traer desafíos y cambios.

## EL DESEO VERSUS LA NECESIDAD

En una ocasión, mi amiga Adrienne me dijo cuánto le gustaba en particular un bolígrafo que yo tenía. Ese bolígrafo tiene un diseño ergonómico especial que hace muy cómoda la escritura, lo que a su vez, lo hace un poco más costoso que los bolígrafos corrientes. Cuando le sugerí a Adrienne que consiguiera uno de esos bolígrafos, ya que como periodista escribe a mano con bastante frecuencia, me miró y me dijo con sorpresa: "Pero yo no lo necesito."

"Sí," contesté yo, "pero, ¿*deseas* tenerlo? Sé que no lo necesitas, pero te estaba preguntando si deseas tenerlo. ¿Qué sucede con tus deseos?"

Adrienne no tuvo otra respuesta diferente a la que había estado programada a dar durante toda su vida: Si ella no necesitaba algo, entonces no podía tenerlo. Sus "deseos" eran suprimidos y considerados como innecesarios y superfluos.

Muchas personas, como Adrienne, se desenvuelven a partir de la necesidad. Satisfacer las necesidades en vez de los deseos es algo que se estructura en la mente de los niños desde edades muy tempranas. En algún momento de sus vidas, algunas personas adquieren el sutil pero corrosivo concepto de que desear es egoísta, innecesario, indulgente y frívolo. Como resultado, terminan pensando que deben vivir sus vidas sobre la base de lo que necesitan, porque los "deseos" son lujos lejanos que no merecen, y terminan sintiéndose terriblemente culpables cuando se dan la oportunidad de satisfacer algún deseo. Por consiguiente, cuando estas personas experimentan sentimientos de deseo, y a fin de evitar los sentimientos de culpa, se privan de satisfacer ese deseo o terminan convenciéndose de que ese deseo es realmente una necesidad. Racionalizan su deseo y lo convierten en una necesidad a fin de justificar obtenerlo.

La diferencia fundamental entre la necesidad y el deseo es que la necesidad nace de la insuficiencia, mientras que el deseo surge en medio de la suficiencia. Cuando necesitamos algo, existe una ausencia. Cuando deseamos algo lo hacemos con el deseo de aumentar o complementar algo que ya poseemos. Las necesidades, por supuesto, deben satisfacerse por razones de supervivencia. No obstante, los deseos, deben satisfacerse en virtud de la felicidad.

Cuando uno sabe lo que desea y se permite el derecho a tenerlo, se generan dentro de uno poder y deleite que le confirman su valía como persona. Este sentimiento nutre la confianza en uno mismo, nutre la propia intuición y la propia convicción. Y tal refuerzo confirma su identidad, su conocimiento interno y su realidad. Cada vez que este ciclo ocurre se fortalece la autenticidad propia.

Lo anterior no significa que uno deba implicarse en conductas falta de ética, egoísta, inmoral o ilegal simplemente porque "desea" algo. Tampoco significa que los deseos de uno deban operar libremente sin ningún tipo de control o regulación haciendo caso omiso de las posibles consecuencias. Sin necesidad de negarse a abrigar deseos legítimos y sin negarse la oportunidad de ir y alcanzar el éxito en lo que uno se proponga, uno debe asegurarse de que sus deseos no sean perjudiciales para sí mismo o para quienes le rodean y que están dentro de los parámetros del sistema legal y lo culturalmente aceptado como un buen proceder.

## LAS BARRERAS OCULTAS QUE IMPIDEN ALCANZAR EL ÉXITO

*Todas las batallas importantes*
*se pelean dentro de uno mismo.*
—Sheldon Kopp

Todas las personas tienen el derecho y la habilidad de triunfar. Más aún, cada persona tiene disponible ante sí la ruta que lo conduce del lugar donde está al lugar donde desea llegar. Si el sendero está despejado y uno está motivado por el deseo, entonces es posible alcanzar el éxito. No obstante, si la ruta hacia el éxito contiene obstáculos, necesitará removerlos a fin de continuar su viaje hacia la meta.

· Cuando les menciono a mis clientes que es posible que ellos necesiten revisar las barreras que les están impidiendo alcanzar el éxito, inmediatamente empiezan a enumerar todas las causas externas posibles. Es por culpa del jefe que la persona no puede obtener un ascenso. Es la culpa del banco por no otorgar el crédito que no se puede hacer ese negocio, o es la culpa de los amigos, de la familia, o del cónyuge que no les deja lograr lo que desean. Si la meta que desean alcanzar es perder peso, culpan al metabolismo, a las glándulas o a los genes de la familia. Si se trata de aumentar las ganancias echan la culpa al mercado bursátil o a las tasas de interés. Si se trata de una escena de una película, la culpa la tiene el director de reparto. Muy difícilmente las personas realizan un auto examen interior para determinar las causas que les impiden alcanzar el éxito que desean conseguir tan desesperadamente.

Esto hace recordar a Marcus, un técnico de sonido muy dinámico, quien cerca a la edad de treinta años experimentó por algún tiempo "una racha de mala suerte." Aunque Marcus tenía expectativas de tener un empleo cuyo salario ascendiera a la cifra de los seis dígitos, no lograba durar en un trabajo por más de seis meses. Cuando le pregunté qué había sucedido en los últimos tres empleos, respondió que el primero no había funcionado porque su jefe había sido incompetente. El segundo lo perdió porque la compañía en la que trabajaba era desorganizada. El tercero tampoco funcionó porque sus compañeros de trabajo eran envidiosos con él y saboteaban su progreso.

Marcus pasó por alto una constante en las tres situaciones: él mismo. Yo le indiqué que quizás valdría la pena intentar examinar dentro de él algún rastro de un posible problema interno antes de intentar concentrarse en las causales finales. Marcus aceptó hacerlo y después de poco tiempo reveló un temor a madurar. En su mente, tener y mantener un trabajo estable, representaba un símbolo de madurez, lo que a su vez significaba para él el fin de la adolescencia (es decir de la diversión). Sólo cuando Marcus pudo establecer este asunto pudo comenzar a vencer su temor y empezar a ver su trayectoria en la secuencia de eventos mencionada. Así fue como empezó a trabajar removiendo la barrera que se interponía en su camino hacia el éxito.

El auto sabotaje, es la razón número uno por la cual uno se desvía por la ruta equivocada en su camino al éxito. Ciertamente ocurren cosas como circunstancias desfavorables y momentos de dificultad, no obstante, si uno clasifica tales eventos como las causas primarias que le impiden a uno lograr lo que quiere, entonces está atrapado en el ciclo interminable de encontrar causas para culpar. Si existe una discrepancia entre lo que usted dice que quiere y lo que está obteniendo, es una señal de que usted necesita ir un poco más al fondo para descubrir la causa subyacente de sus dificultades.

Imagine a un jugador de tenis. Está intentando dirigir la bola muy cerca de la esquina izquierda de la cancha, pero el problema es que la bola sigue saliéndose de la cancha, lo que conduce a la pérdida de puntos valiosos. El jugador puede culpar a la raqueta, a la superficie, a la cancha, a la calidad de las bolas, al viento, a su contraparte, a su falta de práctica, no obstante el tiro no será distinto a menos que haga algo completamente diferente. El jugador tendrá que cambiar el agarre, la postura, el golpe, el ángulo de la raqueta, la inclinación de las rodillas, si quiere que la bola se dirija al lugar exacto que desea. La diferencia entre la intención y la realidad es lo que suministra la clave de que algo interno necesita ser ajustado. Apropiarse del problema es el primer paso hacia su solución.

## AMBIVALENCIA

La ambivalencia se define como "incertidumbre o fluctuaciones relacionadas con la imposibilidad de escoger una alternativa." Puede sonar ridículo sugerir que uno esté rechazando de forma inconsciente lo que dice que desea, no obstante, en los casos donde el éxito es esquivo o se frustra, considérelo una posibilidad. Lograr el éxito para muchos es un concepto cargado de sentimientos como la ansiedad, el temor y la culpa; y el resultado puede generar un cisma interno que extravía los esfuerzos del resultado deseado.

Tal vez usted mismo no sea consciente de tener sentimientos ambivalentes, pero eso no significa que estos estén ocultos bajo la superficie. La ambivalencia es como el monóxido de carbono. No es perceptible y, sin embargo, es mortal. La duda o la incertidumbre subyacentes sobre la validez de sus deseos o su habilidad de alcanzarlos pueden apoderarse de su mente subconsciente sin que siquiera se dé cuenta de ello. En esa situación, de lo único que uno puede estar consciente, es de los intentos frustrados de llegar al destino deseado, lo cual hace que la desilusión aumente.

## EL TEMOR A LOS CAMBIOS DE IDENTIDAD

Con frecuencia nuestra identidad está envuelta en el estado presente del ser, el cual, por supuesto hace difícil concebir una nueva realidad. Y aún cuando usted desee alcanzar el éxito en cualquier meta que se proponga, puede que experimente algunos problemas si pasa por alto o ignora los cambios de identidad que pueden ocurrir con la llegada del éxito.

### ¿Quién será usted cuando alcance el éxito?

Durante años, Ken estuvo sobreviviendo económicamente. Sin embargo, a la edad de treinta y cinco años logró ocupar una posición directiva en una compañía que producía artículos deportivos, llegando a tener un buen salario. No obstante, siempre tenía deudas considerables y con frecuencia no podía pagar sus cuentas mensuales. Para él, el éxito consistía en poder alcanzar el equilibrio financiero (libre de deudas). Sin embargo, cada mes parecía hundirse más en un hoyo financiero, lo que lo alejaba de lograr su meta. La situación llegó a ser tan familiar para Ken que llegó a identificarse a sí mismo como una persona con problemas financieros. Llegó a acostumbrarse a declinar invitaciones para ir con amigos a vacaciones costosas así como a rehusar ir a cenas especiales. Llegó a resignarse con el hecho de que era alguien que sencillamente no podía darse tales lujos.

Cuando Ken vino a verme, le pregunté si podría haber alguna razón inconsciente por la que no quisiera tener estabilidad económica. Pensó por un momento y luego se animó con vacilación a contar algunos incidentes de sus primeros años. Cuando Ken crecía, su familia tenía un buen estilo de vida dentro de la clase media hasta cuando, a la edad de quince años, las inversiones de su padre se multiplicaron. Poco después, el padre de Ken anunció que iba a dejar la familia y se iba a mudar con su nueva novia. Le tomó años a Ken y a su madre superar la pérdida emocional y el equilibrio económico, ya que el padre de Ken los dejó sin un centavo.

A continuación Ken dijo con ironía: "Supongo que muy dentro de mí creo que el dinero lo cambia todo. Tal vez me mantengo en apuros económicos para impedir que me suceda lo que le sucedió a mi padre."

Yo asentí con mi cabeza, ovacionando internamente a Ken por su descubrimiento. Él exteriorizó su temor con no más que una simple pregunta de mi parte. Y una vez que él identificó su temor de quién llegaría a ser si se hiciera económicamente solvente, pudo trabajar en ese temor y diseñar una estrategia definida para alcanzar su meta.

A veces nuestros temores a los cambios de identidad pueden ser tan fuertes que nos programamos continuamente para el fracaso. Esto ocurre con bastante frecuencia cuando la gente aspira a hacer grandes cambios a nivel personal, como por ejemplo, dejar de fumar o perder peso. Su identidad personal está tan entretejida en ciertos patrones de comportamiento que la idea de alterarlos se convierte en un prospecto demasiado intimidante para superar.

Desde que era adolescente Anna tenía un sobrepeso de setenta libras. Finalmente, a la edad de treinta y ocho años decidió perder el peso que tanta infelicidad y baja autoestima le había traído durante todos esos años. Ella había intentado con una dieta tras otra, batidos nutricionales, malteadas para bajar de peso, y había asistido a innumerables reuniones y nada daba resultados. Tan pronto como Anna lograba alguna mejoría, interrumpía su dieta y volvía a ganar el peso que había perdido; hasta llegaba a pesar más.

Los grandes ojos azules de Anna se llenaron de lágrimas cuando me narró su historia. Mi corazón se conmovió cuando me reveló lo atormentada que se sentía por su exceso de peso cuando asistía a la escuela primaria y más tarde cuando los muchachos se burlaban de ella en la secundaria; llegando a sentir vergüenza de su cuerpo y de sí misma desde entonces. Me contó de todas las dietas que terminaron en frustración y me pidió ayuda para poder salir de ese laberinto.

A medida que escuchaba a Anna, empecé a notar cómo se definía a sí misma mientras contaba la historia. Con bastante frecuencia se refería a ella misma como "la gorda", "la hija grande" o "la mujer pasada de kilos." Ella había pasado tanto tiempo bajo esa identidad que no encontraba otro marco de referencia bajo el cual identificarse a sí misma. Su identidad estaba tan involucrada con tener sobrepeso, que ella no permitía ningún espacio en su mente subconsciente para otra posibilidad. A pesar de que se sentía decepcionada con el papel que desempeñaba, era el único que conocía. Perder una cantidad considerable de peso (su definición de éxito) la obligaba a reexaminar quién era ella en relación consigo misma y con el resto del mundo y Anna no estaba preparada para hacer eso.

El éxito puede generar una crisis de identidad. Lo obliga a uno a preguntarse "¿Quién sería yo si...?", algo que es difícil de imaginar para algunos. Sinceramente, muchas personas tienden a definirse a sí mismas en los términos de sus limitaciones ("el gordo," "el enano," "el narizón," "el sonso"). No obstante, cuando se requiere que se definan en términos de sus buenas cualidades, muchos se sienten incómodos.

¿Emprendió Anna cada una de las dietas con la expectativa de fallar, para así evitar la molestia de enfrentar una nueva realidad? ¡Por supuesto que no! Anna deseaba de todo corazón perder peso. Sin embargo, lo que rehusó considerar, fue lo que vendría con perder peso. En otras palabras, ella pasó por alto las sombras que su meta traería consigo. Anna necesitaba entender y aceptar todos los aspectos de lo que implicaba alcanzar el éxito, mucho antes de que en realidad eso ocurriera.

De modo que si usted se está esforzando por alcanzar el éxito y no lo ha conseguido, pregúntese qué acompaña al éxito que usted persigue. ¿Cambiará su identidad, su estilo de vida, su estatus económico, o la forma como invierte el tiempo? ¿Le tratarían sus amigos y su familia de forma diferente? ¿Tendrá nuevas responsabilidades que resulten abrumadoras? Haga una lista de las cosas que puedan ocurrir, sin tener en cuenta lo ridículas que parezcan algunas de esas cosas. Usted podría sorprenderse de descubrir que lo que le está impidiendo lograr su objetivo es una anticipación inconsciente del resultado de sus deseos.

### Temor al cambio

Cada suceso trae consigo cambios. Cada nuevo nivel al cual uno ascienda, cada sueño que se alcance y cada meta que se cumpla, trae cambios, tanto positivos como negativos. La anticipación de tales cambios puede causar temor, lo que a su vez puede causar un sabotaje inconsciente a los esfuerzos.

Phillip había estado trabajando en su tesis doctoral durante dos años y medio. Él y su esposa Ellen habían hecho un arreglo que les permitiría hacerlo. Ellen trabajaba en una compañía de seguros durante cinco días a la semana para sostener a la familia. El plan era que Ellen renunciara al trabajo y regresara de tiempo completo al frente de la crianza de los hijos cuando Phillip terminara su doctorado y regresara al trabajo. Fue un trato que funcionó bien, especialmente para Phillip, quien adoraba a los niños y disfrutaba de tardes enteras armando con ellos estupendas pistas para carros y jugando video juegos.

Mientras tanto, Phillip estaba experimentando dificultades para completar su doctorado. Así que vino a visitarme para tratar de determinar por qué tenía tantas dificultades, puesto que completar su tesis era lo único que lo separaba de obtener su título de doctorado y graduarse.

Cuando le pregunté a Phillip qué podría cambiar cuando terminara su tesis fue como si un bombillo se prendiera en su mente. Dijo exaltado: "Eso es parte del problema. Una vez termine, todo habrá cambiado. Tendré que conseguir un empleo y ya no podré pasar tiempo con mis hijos. Los extrañaría mucho."

La barrera en el caso de Phillip consistía en una vacilación para terminar una etapa en la vida de familia. Una vez que reconoció y aisló ese factor pudo conversarlo con Ellen. Fue así como los dos llegaron a un nuevo acuerdo donde Phillip podría pasar tiempo de calidad con sus hijos y regresar al trabajo, parte de lo que había sido el arreglo original. Habiendo eliminado ese temor Phillip terminó su tesis en tres meses.

¿Qué cambios ocurrirán en su vida cuando alcance el éxito? Explore bajo la superficie y vea si existe algún lado oscuro que le esté impidiendo alcanzar su meta. Si descubre que así es, necesitará enfrentar el asunto sin vacilación; tal vez necesite alguna solución creativa en su viaje para alcanzar el éxito.

ALGUNAS CREENCIAS LIMITANTES

*"Yo nunca podría..."*
*"Yo no merezco..."*
*"Yo no debería..."*
*"Yo no poseo las cualidades que se necesitan para..."*

¿Alguna vez ha expresado alguna de las frases citadas anteriormente? Tal vez recuerde que lo haya hecho o tal vez no. No obstante, el asunto es que muchos de nosotros estamos programados con creencia limitantes respecto a nosotros mismos, a lo que podemos lograr, lo que podemos ser y lo que merecemos. De modo que superar esas creencias resulta verdaderamente significativo.

Las creencias de uno determinan su comportamiento. Esto es cierto en el amor, así como en los negocios y la vida en general. Lo que crea que es cierto respecto a usted se traduce en verdad, dado que existe un estrecho vínculo entre las creencias y las acciones. Si usted cree que va a fracasar, va a fracasar. Pero al contrario, si usted cree que va a tener éxito, va a tener éxito. Si usted no cree que merezca recibir algo que desea, no lo conseguirá. Si usted está convencido que no tiene las cualidades que se necesitan para alcanzar algo, esté seguro que no las desarrollará. Pero si usted cree que tiene las cualidades requeridas, lo más probable es que las tenga. Henry Ford dijo en una ocasión: "Si usted cree que puede hacer algo o que no puede hacerlo, está en lo correcto." Lo que usted crea respecto de sí mismo y de sus circunstancias impacta directamente en la realidad que usted produce en la vida.

George creía que nunca llegaría a ser socio en la firma de abogados con la cual trabajaba. Decía que lo quería tanto que toda su carrera dependía de ello. No obstante, su creencia era más fuerte que su deseo. Él creía que siempre sería pasado por alto; que otras personas conseguirían la posición de forma más estratégica y que él nunca sería escogido. George tenía razón.

Sus creencias se convertían en una auto profecía que se cumplía al pie de la letra.

## No imagine límites

La imaginación puede ser utilizada para identificar y erradicar las creencias limitantes. Comience por desatar la cinta en la que están recogidos sus sueños. Quite el techo interno que usted ha puesto sobre sí mismo, dé rienda suelta a su imaginación y deje que el niño que hay en usted sueñe y fantasee. Desde ese lugar, permita que se inicie la chispa del deseo. Vaya a ese lugar de sueños donde usted puede ser todo lo que quiera y conviértase en la persona que quiere ser.

¿Quién le gustaría ser? ¿Qué le gustaría hacer? ¿A dónde quiere ir? ¿Qué le gustaría tener? Sea más grande de lo que usted alguna vez quiso ser, haga hazañas de las cuales usted mismo se impresione, no permita que nada limite su imaginación.

Imagine que el mundo es su lienzo y que tiene todas las herramientas, el tiempo y la capacidad de crear la realidad que su corazón desea. ¿Cómo quedaría al final ese lienzo pintado con la obra maestra de su vida?

## Confronte sus "Sí, pero..."

Lo que primero surge en respuesta a la idea de dejar volar la imaginación es lo que yo denomino "Sí, pero..." Los "Sí, pero..." constituyen una forma como la mente se protege de la decepción. La crítica interior arroja cubos de agua fría a los pequeños vislumbres del deseo. Actúan como adultos racionales realistas para extinguir rápidamente las posibilidades redescubiertas. "Sí, pero ya soy demasiado viejo. Sí, pero ya es muy tarde. Sí pero yo no tengo la educación académica suficiente." Y la lista puede continuar.

Confronte los "Sí, pero..." uno a uno de forma estratégica. Por ejemplo, si le surge el deseo de ser el presidente de su compañía prepárese para el "Sí, pero..." que dice que ello no es posible. Sin embargo, antes de ceder ante tal creencia negativa, dele un vistazo serio a su visión. ¿Realmente es absurdo? ¿Verdaderamente es imposible? Si no es así, ¿estaría dispuesto a ir por ello si real y verdaderamente lo deseara?

La intención de este ejercicio no es cambiar su vida radicalmente o sugerir que usted ignore la razón y que se amarre una capa de superhéroe al cuello y se lance de un edificio intentando volar. Más bien, la intención es abrir la mente y considerar las posibilidades. Si usted ha de cambiar las creencias limitantes "Yo nunca podría..." a "Sí, yo puedo," y de "Yo no poseo las cualidades que se necesitan para..." a "Yo puedo asumir el desafío," entonces podrá expandir los límites de los desafíos y de las creencias.

Y, ¿quién lo sabe? Usted podría hasta concebir una posibilidad que hasta el más resonante "Sí, pero..." no pueda atajar.

## LAS PRESIONES EXTERNAS

Un aspecto triste de la vida es que no todo el mundo se alegra por el éxito que otros alcanzan. Sería maravilloso que cada persona se sintiera satisfecha consigo misma y que no se sintiera en la necesidad de rebajar a otros para hacer sentir su propia valía. No obstante, ese no siempre es el caso. Muchas personas se encuentran tan atrapadas en sus propios sentimientos de inutilidad que se les hace difícil demostrar reconocimiento hacia los progresos de otros.

A algunas personas a nuestro alrededor les interesa que uno conserve su posición actual en la vida. Se esfuerzan por mantenerlo a uno bajo control para asegurarse de que uno nunca progrese más allá de lo que ya ha alcanzado. Miden su propio desempeño en relación con la posición de uno en la vida, y si uno obtiene un avance, eso los hace sentirse amenazados en su propia posición.

Pueden sentirse amenazados por el éxito que uno consiga e intentan de forma sutil disuadirlo de trabajar por sus sueños. O tal vez, puede que con el bienestar de uno en mira, no deseen que uno experimente decepciones, así que intentan desanimar las aspiraciones que uno tiene.

¿Qué tiene que ver todo esto con el éxito? Tiene que ver todo. Cuando uno recibe mensajes provenientes de personas cercanas, sean estos directos o sutiles, diciendo que uno es codicioso, demasiado ambicioso, poco realista o que está intentando llegar demasiado alto, tienen su efecto en uno. La duda o la incertidumbre pueden minar la propia confianza y la determinación.

Kelly y Vanessa habían sido las mejores amigas desde la secundaria. Desde entonces tuvieron vidas similares, ambas se mudaron a Nueva York y emprendieron sus carreras, Kelly en diseño de modas y Vanessa en culinaria. Ambas soñaban con que los diseños de Kelly circularan en las pasarelas de Paris y que Vanessa llegara a ser "la mejor chef de la ciudad de Nueva York." Kelly viviría en un apartamento Loft en Tribeca con ventanales de piso a techo y Vanessa viviría en una casa de estilo provincial de cuatro pisos en la quinta avenida. Al mismo tiempo, ellas se daban ánimos respecto a los bajos salarios que tenían, las largas horas de trabajo y los jefes difíciles que tuvieron que aceptar para poder comenzar.

Andando el tiempo, ambas cumplieron veintiocho años. Kelly renunció a su trabajo y se fue a vivir aparte. Poco después sus trabajos de diseño vanguardista en ropa deportiva fueron aceptados y muy pronto estaba inundada de pedidos de todas partes del mundo. Sus ingresos se aumentaron considerablemente y al final estuvo en condiciones de comprar el apartamento que siempre había soñado, en Tribeca. Vanessa, por su parte, continuaba trabajando en el mismo restaurante francés, esperando recibir una oferta de un mejor restaurante que la catapultara a un mundo de más prestigio.

Ante aquello, Vanessa reaccionó mal pese a que Kelly intentó hacer sentir bien a su amiga y de no despertar celos en ella. Empezó a llamar a Kelly "Miss pantalones de fantasía" y a hacer comentarios sobre la clientela que invertiría su dinero en la ropa que Kelly producía. Kelly, por su parte, siempre había confiado de forma implícita en la opinión de Vanesa, de modo que se tomó a pecho los comentarios de su amiga. Hasta empezó a preguntarse si en verdad merecía tener el éxito que estaba experimentando.

Existen otros ejemplos que ilustran el mismo punto, los cuales no son tan explícitos. Uno que veo con bastante frecuencia es el de los miembros de una familia que no quieren que otros sufran desilusiones, por lo cual se desaniman unos a otros para establecer grandes metas y más bien se alientan a establecer metas, "seguras y prudentes." Una mujer que vino a verme en una ocasión me dijo que no estimulaba a su hijo a aplicar para entrar en una escuela de medicina porque si por algún motivo su aplicación era rechazada, aquello sería devastador para él

En ocasiones los cónyuges se restringen el uno al otro sin siquiera darse cuenta de ello. Cuando Bob, el esposo de Wendy, quien era músico, empezó a recibir ofertas sobresalientes para tocar en ocasiones importantes, su esposa empezó a sentirse preocupada y celosa por la situación (en vez de alegrarse por el éxito que su esposo estaba obteniendo). Como resultado, ella empezó a decir cosas desalentadoras de forma muy sutil. Por ejemplo, decía: "Supongo que eres una estrella demasiado importante como para pedirte que saques la basura." Entonces Bob la confrontó y ella reconoció que temía que él se hiciera famoso y la dejara, abandonando su matrimonio. Bob le aseguró a Wendy que la amaba y que nunca la dejaría a pesar de lo exitosa que fuera su carrera, lo que a su vez dio como resultado que Wendy le ofreciera estímulo y apoyo. Ahora, cuando Bob toca en un evento, se siente orgulloso y animado al ver a su esposa sonriente en primera fila.

Mire a su alrededor. Existe alguien en su vida que pudiera estar diciendo de forma silenciosa o audible: "¿Quién te crees que eres?"Tenga cuidado. El mensaje que ellos transmitan puede ser lo menos positivo e inspirador respecto a sus metas. Tal vez, sin decirlo explícitamente, están pidiendo que usted permanezca el mismo, lo que se traduce en el mensaje "No crezcas." Camine con cuidado al lado de quienes no están preparados para acogerlo a usted y a sus sueños con toda su fuerza. Es posible que ellos logren progresar hasta ese punto, no obstante, en el presente, lo que están haciendo es desestimulando que usted alcance sus metas.

Si usted se da cuenta de que alguien en su círculo de amigos está intentando detenerlo, o quiere mantenerlo bajo control, con frecuencia es útil confrontar a esa persona directamente. Es posible que hasta esa misma persona no sea consciente de lo que está haciendo o de que sus acciones están teniendo una influencia en usted. Es posible también, que si usted les indica cuanto necesita de su apoyo y estímulo, estén dispuestos a colaborar. Usted se sentirá parte integral de su equipo y transformará las barreras en instrumentos de apoyo.

## UN DESAFÍO A LA MEDIOCRIDAD

> *Algunas personas ven las cosas y dicen,*
> *¿Por qué? Pero yo sueño con cosas que nunca*
> *han ocurrido y digo "¿Por qué no?"*
> —George Bernard Shaw

Existe una forma de pensar que dice: "La vida no es un tazón de cerezas," como en el clásico de los Rolling Stones que afirma: "Tú no siempre puedes conseguir lo que quieres." Es un completo paradigma que la gente racionalice la mediocridad en su vida y acepte no intentar conseguir cosas mejores.

Ese paradigma se halla en directa contraposición a tres dictados básicos que yo tengo respecto a las personas y su capacidad de alcanzar el éxito:

1. La gente tiene dentro de sí la clave para ser feliz.
2. La gente posee las facultades para hacer que esa clave se haga realidad.
3. Todo el mundo puede hacer que su vida sea la clase de vida que quiere vivir.

Estos tres dictados básicos, cuando se confrontan con el paradigma negativo, pueden resultar inspiradores o intimidantes y ello dependerá en buen grado de lo que usted crea que merece alcanzar en la vida y de la norma que adopte para regirse.

Cualquiera que sea la base sobre la cual usted se rija afectará el filtro por el cual usted perciba la realidad. Si usted se orienta hacia el lado negativo, negatividad es lo que va a obtener. Defienda sus limitaciones y éstas saldrán ganando. Sin embargo, si usted se orienta de forma positiva tendrá una capacidad mucho mayor para impulsarse hacia adelante, hacia el lugar que le corresponde en la cima del éxito.

Es posible que usted se sienta contento con el tazón de cerezas, pero también puede convencerse de lo mismo con tener sólo el bagazo. Pero la pregunta importante es, ¿Se siente satisfecho con tener sólo el bagazo?

El juego del éxito no puede empezar a menos que usted arroje los dados: los dados del deseo. Cuando usted se permita imaginar y reclamar los "deseos" que por derecho son suyos y se decida a quitar las barreras que surjan en su camino, nada le impedirá alcanzar sus sueños. Cuando el éxito sea lo que usted verdaderamente desee, entonces estará encaminado en la ruta que conduce a la felicidad.

# TERCERA REGLA

*Es fundamental
tener autoconfianza*

PARA SENTIRSE REALIZADO, USTED DEBE
CONOCERSE A SÍ MISMO Y HONRAR SU VERDAD.

Cada uno de nosotros sabe qué es lo que lo hace sentir vivo. Todos sabemos, hasta cierto punto, qué es eso que hace brillar nuestros ojos y que enciende el fuego en nuestro interior. Descubrir lo que disfrutamos y nos trae deleite no representa ningún misterio. No resulta demasiado difícil identificar nuestros talentos y definir nuestros deseos. El verdadero desafío consiste en confiar en nosotros mismos lo suficiente para escuchar esos mensajes que provienen de nuestro interior.

Conocer y confiar en usted mismo lo pone en una senda que es absolutamente suya. Y honrar esa verdad le dará la mayor oportunidad de triunfar. Porque cuando usted está alineado con su verdad y actúa según sus propios esquemas, está viviendo de forma auténtica y al máximo de su potencial. La autenticidad y la alineación con la verdad interior empiezan con la semilla de la autoconfianza.

La autoconfianza se necesita, no sólo para guiarse en la senda auténtica, sino para mantenerse dentro de ésta cuando el camino presenta baches. Es necesaria cuando surgen dudas internas, cuando otros piensan que uno "se ha desquiciado" por hacer lo que hace o por desear lo que quiere, o cuando necesita tomar decisiones drásticas, y cuando enfrenta pruebas y obstáculos. Cuando usted confía en sí mismo, está en condiciones de decidir cuál es el mejor curso de acción en su caso, desde esa perspectiva que simplemente sólo usted *conoce*. La autoconfianza proviene del interior y puede ser aprovechada sólo después de que usted verdaderamente conozca, acepte y honre su esencia auténtica.

Su verdad es una fuente de poder. Cuando está alineado con quién usted verdaderamente es, se revitaliza. Cada paso que da lo acerca o lo aleja de su verdad. Cada paso que da en dirección hacia su verdad lo llena de nuevas energías y cada paso que da en dirección contraria le resta energía. Cada vez que se presenta una discrepancia entre lo que sabe que es su verdad y las concesiones que hace, se produce un cisma en usted. Y para mantener ese cisma se necesita energía, la cual le resta celeridad respecto a sus resultados esperados y metas en la vida. Por lo tanto, mientras más cerca se mantenga dentro de los límites de su verdad, más pronto alcanzará el logro que desea.

## CÓMO DESCUBRIR SU SER INTERIOR

*Usted primero deberá llegar al fondo de*
*las cosas para luego poder alcanzar la cima.*
—Robert C. Savage

Se logra descubrir cuál es el ser fundamental que reside en uno, sólo después de excavar profundo dentro de las muchas capas del ser imaginado, es decir, la persona, lo que se ve en apariencia, quien cree uno que es, lo que uno intenta ser y quien uno teme ser.

Descubrir al verdadero ser interior significa conectarse con su esencia. Significa creer y decir la verdad respecto a lo que somos y a lo que no somos. Hacerlo puede ser sencillo o doloroso y ello depende del grado de conexión con la realidad que tenga usted en el presente. Conocer al verdadero ser interior es fundamental para alcanzar el éxito porque le permite a uno alinearse en la senda auténtica: la que conduce a la plena realización.

Saber verdaderamente quiénes somos nos permite conectarnos con los deseos internos, sobre los cuales podemos planear nuestra ruta. Cuando usted sabe con certeza quién es, sabe también qué es lo que desea, y cuando sabe qué es lo que desea, se abre ante usted la posibilidad de la elección, la posibilidad de encontrar la ruta correcta.

La fuerza guiadora tras el descubrimiento de esta ruta es su propio propósito. ¿Por qué está usted aquí? ¿Cuál es su misión? ¿Qué rumbo quiere usted que tome su vida? ¿Qué aporte va a hacer usted para el mundo? ¿Qué legado quiere usted dejar a su paso? Cuando descubra la esencia de su ser, entonces sabrá la respuesta a todas estas preguntas y conocerá su verdadera vocación.

## DESCUBRA SU PROPÓSITO

Algunas personas descubren su propósito en la vida a una edad muy temprana. Un amigo me cuenta su historia de cómo llevaba un portafolios miniatura a su escuela todos los días. En una foto de segundo año aparece vestido con traje y corbata y una expresión seria. Él se ríe de eso ahora y reconoce que desde que era muy joven siempre supo lo que quería llegar a ser, "un hombre de negocios." A los siete años, él no sabía lo que eso significaba, pero siempre se vio a sí mismo tomando el tren a "la ciudad" llevando un portafolios, de la misma manera como lo hacía su padre. Nunca perdió de vista esa aspiración. Se graduó como administrador de empresas en la universidad y luego obtuvo su MBA. Hoy en día es el director ejecutivo de un negocio de joyería internacional. Y por supuesto, todavía lleva un portafolios, sólo que ahora es suficientemente grande como para cargar su computador portátil.

No obstante, a otras personas les toma años descubrir su propósito en la vida; y esto le ocurre a la mayoría. Tienen mucho por delante para descubrir e intentan abrirse paso en un laberinto de habilidades, preferencias, expectativas y temores. Es posible que usted esté en esa situación.

Un ejercicio que hemos estado realizando por décadas en sesiones de entrenamiento de trabajo en equipo ha resultado ser una herramienta excelente para descubrir el propósito individual de la gente. El ejercicio consiste, en principio, en un simulacro en una escena de supervivencia. Por un momento trate de imaginarse a sí mismo en una situación en la cual la vida se reduce a los asuntos esenciales como alimento, agua, abrigo y supervivencia básica; por ejemplo, una embarcación que ha estado perdida en el mar y al final llega a una isla solitaria o hace parte de una expedición al desierto y el grupo ha perdido contacto con el campamento base. La situación de calamidad en sí no es lo trascendental. Lo importante es imaginar que se tienen recursos limitados y que usted tiene la responsabilidad de calmar a las personas y diseñar un plan de acción para devolver a estas personas a sus casas y a sus familias.

Usted se encuentra entre un grupo de veinticinco sobrevivientes. Todavía no se han asignado tareas específicas a los miembros del grupo y le corresponde a cada uno decidir qué va hacer tanto a nivel individual como colectivo para regresar a su lugar. Usted cuenta con agua y suministros suficientes para permanecer vivo mientras planea la estrategia. El ejercicio intenta hacer ver a la gente lo que haría de forma innata si no contara con las comodidades de la vida moderna.

Ahora pregúntese: ¿Qué papel desempeñaría usted en esa situación? ¿Qué estaría inclinado a hacer naturalmente en tal caso? ¿Asumiría usted el papel de organizador, delegaría a otros la función de tomar las decisiones o acudiría de inmediato a ayudar a otros? ¿Se enfocaría en descubrir las fortalezas de las personas y las organizaría en grupos o asumiría que cada uno es responsable de sí misma? ¿Se concentraría en los suministros, la ropa y el abrigo o daría prioridad a la nutrición de los sobrevivientes? ¿Comprobaría de inmediato si algún miembro del grupo está herido? ¿Estaría involucrado con el bienestar emocional y mental de la gente y trataría de ayudarles?

Al realizar este ejercicio he encontrado una gran variedad de respuestas. Algunos de forma automática se hacen cargo de la situación mientras que otros por naturaleza están del lado que apoya las decisiones. Algunos empiezan por organizar los suministros, mientras que otros evalúan la geografía, el clima y los recursos naturales. Aún otros intentan encontrar maneras de comunicarse con el mundo exterior. Algunos se enfocan en los asuntos de la seguridad, mientras que otros se concentran en calmar, curar y cuidar a los sobrevivientes. Otros más se enfocan en los asuntos relacionados con la higiene y el lugar de abrigo y aún otros, en proteger el lugar de posibles predadores.

Una mujer se nombró a sí misma como la historiadora del grupo y dijo que estaría presta a registrar todo lo que cada persona dijera e hiciera, registrando todos los avances que llegasen a ocurrir. Esto fue muy interesante porque, en su vida normal, ella era vendedora de ropa en un almacén y en su interior siempre había deseado trabajar para un periódico.

Otra mujer dijo que ella establecería un sistema de trueque, de modo que todo el mundo pudiera intercambiar lo que tenía por lo que necesitara. No sorprende que en ese momento ella estaba estudiando para recibir su MBA.

Un hombre dijo que construiría refugios para albergar a todos. En la vida real él es arquitecto y utilizó este ejercicio para confirmar que disfrutaba crear estructuras.

Alguien más dijo que ayudaría de inmediato a cada uno a controlar sus sentimientos de temor y ansiedad al estar separados de sus familias y amigos. Poco después del ejercicio el hombre volvió a estudiar de nuevo, ésta vez para obtener su título en maestría sobre sociología clínica. Este ejercicio ayuda a la gente a regresar a lo básico y a conectarse con su propósito fundamental.

¿Qué haría usted? ¿A qué se sentiría atraído de forma instintiva? ¿Qué actividad emprendería de inmediato? ¿Qué actividad le llamaría la atención? ¿Cuál es su preocupación fundamental? Si puede visualizarse a sí mismo en esas circunstancias y contestar estas preguntas, entonces muy probablemente tendrá unos buenos indicios de sus inclinaciones naturales.

## ENCUENTRE SU RUTA

*Siga su luz interior.*

—Allen Ginsberg

La fórmula para encontrar la ruta propia hacia la realización de las metas es absolutamente simple: siga sus preferencias y éstas lo guiarán hacia allí. Descubra qué le produce gozo y satisfacción, y confíe en que ello lo llevará a la prosperidad. Descubra qué es eso que hace encender su fuego interior y confíe en que ello será el combustible de toda su existencia. Descubra qué es eso que hace a su corazón cantar y confíe en que ello producirá la música de su vida. En otras palabras, descubra lo que verdaderamente le interesa y confíe en que ello es lo que realmente había estado buscando.

### ESCUCHE A SU CORAZÓN

Larry era un paisajista excepcional. Había estado trabajando en ésa área desde recién cumplidos los veinte años, cuando empezó a trabajar de medio tiempo para financiar sus estudios en la universidad. Le fascinaba el olor del pasto recién cortado, y el sonido crujiente de la gravilla. Disfrutaba el desafío de un solar vacío y le complacía ver el rostro sonriente de los clientes cuando veían su propiedad transformada en algo hermoso.

Cuando Larry se graduó de la universidad, esperaba trabajar en el campo que había estudiado, la psicología. Sin embargo, él descubrió que le entristecía la idea de dejar el paisajismo que tanta felicidad le producía. Sabía que extrañaría la satisfacción que implica trabajar con la tierra al aire libre, utilizando sus herramientas, creando entornos nuevos con sus manos. De modo que pospuso la idea de encontrar un trabajo o realizar prácticas de consejería por cerca de un año antes de admitir que su verdadero amor eran los jardines y los solares, no la psicología. En la actualidad Larry es dueño de un negocio de paisajismo y duerme plácidamente cada noche sabiendo que hace lo que le gusta. A su vez, utiliza las habilidades comunicativas que aprendió en la universidad para ayudar a los clientes a tomar decisiones respecto a los jardines.

Durante su niñez, Ginny amaba el arte y las manualidades. Era estupenda con la pistola de pegante y diseñaba toda clase de cosas, las cuales compartía con su familia y amigos. A medida que crecía continuó aprendiendo técnicas artesanales. A Ginny le fascinaba todo lo que tuviera que ver con preparativos para bodas. Ella consideraba que la unión de un hombre y una mujer era el momento más grandioso en la vida. Con el tiempo, su senda se hizo clara. Fusionó ambas pasiones e inició un negocio en el que producía accesorios para fiestas de matrimonio. Inicialmente Ginny diseña los artículos, luego enseña a sus asistentes a producirlos. Ahora, diez años después la compañía factura un millón de dólares al mes. Nada mal para una chica con una pistola de pegante, con fiestas de boda en su mente.

A fin de sobrevivir, Drew vendía suministros médicos. Él era bueno en esto, pero su corazón no estaba involucrado en el negocio. Lo que a él le gustaba era la bolsa de valores y con frecuencia se le veía consultando las páginas económicas de los periódicos para ver en cuanto había cerrado el Dow Jones el día anterior. Al final Drew decidió que sabía lo suficiente sobre el mercado para incursionar en éste. De modo que abandonó su trabajo y empezó su actividad bursátil. En la actualidad no es un millonario, pero cubre todos sus gastos y está pasando el mejor tiempo de su vida.

A veces la pasión surge de un interés o talento innato, como lo fue en el caso de Larry, Ginny y Drew, pero a veces surge de un evento que sucede por casualidad. Una mujer llamada Candy Lightner, que experimentó una de las tragedias más grandes que una persona puede enfrentar, la muerte de un hijo a manos de un conductor ebrio, decidió hacer de su misión en la vida, ayudar a prevenir que esto no volviera a ocurrir con otros niños. Ella creó la fundación MADD (por sus siglas en inglés, Madres contra los conductores ebrios), una reconocida organización que trabaja en contra de la combinación de beber y conducir. Gracias a Candy y a su fundación (MADD), más adolescentes y adultos dan las llaves del automóvil a otros cuando consumen licor y como resultado, se han salvado miles de vidas.

Alice es una sobreviviente del cáncer de seno. Al igual que muchas otras mujeres en esas circunstancias aprendió que el contacto con los profesionales de la salud puede ser tensionante. Dada su experiencia, se resolvió personalmente a cambiar la forma como los médicos y las enfermeras interactúan con los pacientes de cáncer. Hoy en día, ella lidera una organización que ayuda a quienes padecen de cáncer de seno, haciendo la antesala para la incorporación de reformas políticas que incidan en la industria médica y farmacéutica. Ella y su organización, dan apoyo físico, emocional, psicológico y a veces hasta económico, a las mujeres que padecen de cáncer de seno. Su crisis se convirtió en el trabajo de toda su vida.

Aún otros, descubren su propósito en la vida gracias a una experiencia de la niñez que dejó grabada en ellos una impresión imborrable. Muchos que de adultos escogen la profesión de pediatría lo atribuyen a sus propias experiencias, en algunos casos positivas y, en otros, negativas. El cuidado médico de los menores se convierte en su profesión. Dave Thomas, el fundador y dueño de Wendy´s, creció en medio de circunstancias difíciles. Los únicos momentos agradables de su niñez los recuerda cuando iban con su padre adoptivo a comer en un restaurante. Dave también recuerda como observaba a otras familias a su alrededor disfrutando de buenos momentos al tomar una comida juntos. De ése recuerdo en particular surgió una de las cadenas de comidas rápidas más exitosas del país.

Su corazón, como órgano vital, bombea sangre a través del cuerpo. Ello hace posible la vida. Su corazón espiritual posee la llave de la motivación. Es el asiento de la inspiración y de la pasión. Es su verdadera guía hacia el futuro. Escuche a su corazón y éste le guiará hacia el lugar que le corresponde como suyo.

¿Qué le está diciendo su corazón?

¿Está listo para escuchar?

¿Confiará en lo que su corazón le diga?

## IDENTIFIQUE SU DON

¿Corre usted como una gacela o toca el saxofón con entusiasmo? ¿Prepara usted comidas con amor o toma fotografías que inspiran? ¿Le gusta el color? ¿Envuelve regalos de forma agradable o asume el mando de forma fácil? ¿Tiene habilidad para los números o es un comunicador hábil? ¿Tiene usted facilidad para los idiomas, una buena nariz para identificar las fragancias, o una caricia que sana? ¿Es usted inteligente para las finanzas o diestro en la organización de asuntos? ¿Puede usted batear una bola fuera del parque o bailar con gracia?

La respuestas a estas preguntas son una clave para identificar los dones y el camino correcto. Si uno conoce sus dones, sus talentos, sus ventajas y sus habilidades, ello se convierte en el primer paso para determinar qué ruta debe seguir. Hacer aquello en lo que uno es bueno constituye un ingrediente importante de la receta para el éxito futuro.

Cuando yo tenía veinticinco años me di cuenta que tenía el don de formular preguntas. La gente no sólo abría su corazón para contestar las preguntas que yo hacía sino que se sentían con la confianza suficiente para contarme asuntos confidenciales que difícilmente compartirían con otros. Yo pensaba que esto era normal. Creía que todo el mundo podía hacer eso. Pensaba que aquellos momentos de despertar y de reaccionar ocurrían todo el tiempo con las demás personas.

No fue sino hasta que mi amiga Kathy me hizo ver que pocas personas pueden extraer verdades tan profundas e inspirar momentos de verdad en otros que entendí que tenía un don. Kathy también tenía un don y este era tocar el piano a oído con el cual deleitaba a sus amigos. Volviendo al punto anterior, ella dijo que uno de mis dones especiales era crear un entorno seguro en el que las personas podían descubrir y revelar sus verdades más profundas. Y una vez que reconocí mi don, empecé a utilizarlo. Dejé de negarme que era buena en algo y empecé a aportar para el bienestar de otros de una forma que resultó muy gratificante.

A muchas personas cuando se les pregunta ¿cuáles son sus dones? contestan: "Yo no sé" o "No tengo ningún don." Sin embargo, esa respuesta indica, en la mayoría de casos, que ellas están pasando por alto sus dones naturales, tal vez porque estos son tan corrientes para ellas, que no ven la realidad de forma objetiva. Piense en esto: ¿Conoce usted a alguien que no sea bueno en al menos *una* sola cosa? Todo el mundo tiene algo único que ofrecer, sea que esté dispuesto a admitirlo o no, ante sí, ante su círculo de amigos o ante el mundo.

El escritor Sue Bender en una ocasión afirmó: "Quizás nuestros dones naturales nos esquiven porque son demasiado obvios." Si usted no puede identificar con presteza sus dones, pídales a sus amigos cercanos que lo hagan. La mayoría estará muy dispuesta a enumerarle los talentos y habilidades únicos que usted tiene para ofrecer.

¿Tiene usted un don que esté ocultando, negando, desacreditando o haciendo a un lado? ¿Está usted reteniendo lo que puede dar? ¿Está usted preparado y dispuesto para decir la verdad sobre lo que tiene que ofrecer?

## CONOZCA SUS NECESIDADES

A fin de prosperar todas las personas tenemos necesidades individuales que satisfacer. Uno puede tener trabajo más excitante y el sueldo mejor pagado del mundo pero si prefiere estar en un puesto más relajado y los altos ingresos no son lo más importante, lo más probable es que no prospere. Tal como un romance no prospera con la clase de persona equivocada, uno no puede alcanzar su máximo potencial si se halla en circunstancias que no correspondan a sus necesidades específicas.

Existen muchos factores que uno debe considerar en relación con sus necesidades personales. Entre estos están el entorno, el ritmo, el nivel de presión, las limitaciones de tiempo y el nivel de flexibilidad. Existen otros elementos que también deben ser tenidos en consideración, entre estos están las necesidades visuales, la tolerancia auditiva, los entornos táctiles y aún la sensibilidad olfativa. Por otra parte, también está el asunto de los roles en términos de asumir una posición de liderazgo, en contraste con una posición de suministrar apoyo.

A veces el asunto de descubrir las preferencias personales es cuestión de ensayo y error. Una de las mejores maneras de determinar cuál es el mejor entorno de desempeño para uno es revisar sus propios antecedentes y escudriñar todos los factores.

Comience por recordar los momentos en que su vida ha alcanzado los niveles más altos de desempeño. Registre por escrito por qué cada una de esas experiencias transcurrieron tan bien. Lo más probable es que empiece a ver aspectos comunes entre esas experiencias tan sobresalientes.

Por ejemplo, Ben recordó que hubo tres sucesos en el pasado que lo hicieron sentir muy bien: cuando trabajó como consejero de campamento a la edad de dieciocho años, cuando trabajó como instructor de ski a la edad de veintidós, y sorprendentemente, en cualquier ocasión que hacía trabajo de mantenimiento en el solar de su casa. Tan pronto como él identificó estas tres experiencias, reconoció de inmediato que sus mejores momentos era cuando trabajaba al aire libre.

De un ejercicio como este usted también puede identificar el lugar donde mejor puede prosperar. Ahora, considere los siguientes factores:

1. ¿Le gusta trabajar solo o como parte de un equipo?
2. ¿Le gusta experimentar cosas nuevas o le gusta la rutina?
3. ¿Le gustan los horarios flexibles o se siente más a gusto con un horario pre-establecido?
4. Las figuras de autoridad ¿las aprecia o las repele?
5. ¿Prefiere participar en múltiples actividades o le gusta concentrarse en una sola cosa a la vez?
6. ¿Le gusta tener en cuenta las opiniones de los demás o es auto dependiente?
7. ¿Es usted madrugador o experimenta dificultades constantes con llegar a un sitio?
8. ¿En qué momento del día hace su mejor trabajo, en la mañana, en la tarde o en la noche?
9. El estímulo visual ¿es importante para usted?
10. ¿Le va mejor en ambientes de presión o se siente mejor en atmósferas más tranquilas?
11. ¿Se siente con más energía en los espacios interiores o en los espacios al aire libre?
12. ¿Prefiere estar activo o relajado?

Algunas de estas preguntas hace que salgan a la luz algunos hábitos, otras por el contrario, revelan preferencias, y otras, rasgos de personalidad. Sin embargo, es importante considerarlas todas al momento de elegir la senda en la que uno desea andar. Cuando uno trabaja bajo las circunstancias apropiadas, elimina los factores negativos que bloquean el sentido de logro.

Cuando recién cumplí mis veinte años, antes de saber realmente qué era lo que quería hacer con mi vida, empecé a trabajar medio tiempo con una empresa de cosméticos. Mi lugar de trabajo era un cuarto pequeño, semejante a una jaula, en la parte superior de la tienda y mi labor consistía en recibir y contabilizar el dinero el cual me llegaba a través de un tubo al vacío. Y puesto que yo manejaba grandes sumas de dinero en efectivo, el cuarto estaba dotado de barrotes en las cuatro paredes. Por supuesto, no había ninguna ventana. Durante mis horas laborales yo debía esperar que llegaran las cápsulas de dinero. Cuando esto ocurría, yo sacaba el dinero de la cápsula, lo contabilizaba y lo ponía en una caja fuerte. En ocasiones devolvía dinero para dar cambio y regresaba la cápsula para así iniciar el proceso una vez más.

Al final de mi cuarto día de trabajo, me sentía atontada. Esto se debía a que a mí me gustaba la actividad y estar rodeada de personas. Así que sobra decirlo, este no era el trabajo ideal para mí. No había forma de que yo "sobreviviera" en estas circunstancias. Con el apoyo de mi hermana, quien me conoce bien y conoce mis necesidades, renuncié a este trabajo y nunca me he lamentado de mi decisión.

Ciertamente ir en contra de la propia esencia de uno no trae felicidad. Yody, por ejemplo, era muy sensible al ruido. Ella vivía en el piso diecinueve de un edificio de apartamentos en la ciudad de Nueva York, y para poder dormir de noche, tuvo que instalar ventanas a prueba de ruidos a fin de contrarrestar el sonido de las bocinas de los automóviles abajo en la avenida. También se compró un reloj despertador especial, que en vez de la tradicional alarma ruidosa, la despertaba con el apacible sonido de las olas del mar. Así podía despertar de forma tranquila cada mañana sin tener que iniciar el día con los nervios de punta.

Sin embargo, a pesar de todo el cuidado que ejercía en casa, enfrentaba grandes problemas de ruido en su lugar de trabajo. Verán, ella era la asistente de un productor ejecutivo en una disquera. Ella era excelente en lo que hacía. No obstante su existencia diaria era puesta al límite. Durante todo el día, la gente a su alrededor escuchaba la radio y cada uno sintonizaba una emisora de radio diferente. Y así transcurría su día, entre la mezcla resonante de la música, el repicar constante de los teléfonos y las máquinas de fax cerca a su escritorio. Jody salía agotada y tensa cada noche de su oficina. Con frecuencia iba directo a casa a ponerse una bolsa de hielo en su cabeza con el fin de reducir la tensión del dolor de cabeza.

Por supuesto, aquella no era el entorno ideal para que Yody pudiera prosperar. Con el tiempo, habló con el director de recursos humanos de la compañía y éste arregló que ella fuera transferida a la división de música clásica de la compañía. Allí el nivel de ruido era menos estruendoso, los teléfonos sonaban menos, y el director del departamento tenía la política de que nadie podría escuchar música por encima de cierto nivel. En este nuevo entorno, las habilidades naturales de Jody pudieron resplandecer.

Roberto posee un espíritu independiente, por naturaleza. En particular, él nunca fue muy bueno para el trabajo en equipo, especialmente porque no le gustaba que otros lo retrasasen con sus opiniones e ideas. De modo que sus problemas se iniciaron el mismo primer día en que empezó a trabajar en el departamento creativo de una agencia de publicidad. Él intentó reprimir su naturaleza independiente dado que pensaba que para salir adelante en la publicidad debía poder trabajar con una gran agencia, no obstante, al final, terminó decepcionando a su jefe y a él mismo.

Roberto llegaba tarde, si es que llegaba, a las reuniones más importantes del departamento. Interrumpía a sus colegas cuando estos hablaban porque tenía la certeza de que sus ideas eran mejores. Cuando se asignaba un proyecto al departamento, Roberto empezaba a trabajar de inmediato de acuerdo con sus propias convicciones; no esperaba a considerar lo que otros pensaran al respecto ni tampoco asumía las responsabilidades que se le asignaban dentro de la división. Y pese a que el trabajo de Roberto era brillante, lo hacía a expensas de los sentimientos de sus colegas y de la paciencia de su jefe.

Después de ocho meses, Roberto y su jefe llegaron a la conclusión, de común acuerdo, de que él no encajaba en el lugar donde estaba. No obstante, la compañía apreciaba el trabajo de calidad que él hacía, así que decidieron contratarlo por prestación de servicios. En la actualidad, Roberto tiene la libertad de crear productos manejando su propio horario sin la presión de coordinar trabajos con colegas dentro de un marco de tiempo específico.

Conocernos bien a nosotros mismos implica determinar lo que funciona bien con cada uno de nosotros. Cuando uno sabe qué es lo que realmente le gusta, está en condiciones de crear situaciones óptimas para el desempeño pleno.

## CONFÍE EN SUS INSTINTOS

Cuando tengo la oportunidad de hablar ante futuros estudiantes universitarios, con mucha frecuencia escucho expresiones tales como: "Estoy planeando estudiar derecho, pero no creo que vaya a ejercerlo. ¿Cree usted que es buena idea invertir tres años en hacer eso?" o "Estoy interesado en la docencia. ¿Cree usted que eso es lo que debería estudiar?" o "Creo que me gustaría ayudar a rehabilitar a criminales, ¿Cree usted que estoy loco?" o "Me gusta componer música, pero no sé si inclinarme por el Hip-Hop o el Jazz, ¿Usted qué piensa?"

La mayoría de estos estudiantes tienen un indicio de lo que les gustaría hacer pero les da miedo confiar en sí mismos. Algunos sienten que les gusta tantas cosas, que se sienten abrumados y hasta asustados de tomar la decisión incorrecta y luego ir en la dirección equivocada. Ellos solicitan mi consejo principalmente porque están solicitando permiso para confiar en ellos mismos. Lo que en realidad están diciendo es "Yo no quiero cometer un error. ¿Puede usted ayudarme a sentirme más tranquilo con mi decisión?" "Tengo miedo de cometer un error – de ir en la dirección incorrecta – de desperdiciar mi tiempo. Tengo miedo de que algún día en el futuro, me arrepienta de la decisión que estoy tomando hoy." En otras palabras, el mensaje oculto que están transmitiendo es que temen confiar en sí mismos.

### El origen del temor

Ningún ser humano nace con temor. El temor es un tipo de comportamiento que se aprende. Uno se siente asustado cuando está inseguro, cuando se siente que no puede hacer frente a una situación, cuando percibe peligro alrededor y cuando sus necesidades no son satisfechas. Uno aprende a sentir temor cuando se siente solo y no está en condiciones de cuidarse a sí mismo. A medida que las personas crecen, el mundo les enseña de manera sutil que deben dudar de sus propios instintos y que deben cuestionar sus propias habilidades. Así es como las personas dejan de confiar en sí mismas. En ocasiones, cuando los planes no resultan de acuerdo con lo previsto, la gente empieza a cuestionarse a sí misma. Todos queremos tomar las decisiones correctas y evitar tantos errores como se pueda.

Los estudiantes que me hacen preguntas respecto a la carrera que deben escoger viven en un mundo donde se les dice que una persona promedio cambia de carrera por lo menos seis veces en la vida. Viven en un mundo que está cambiando rápidamente, un mundo de incertidumbres donde nada se garantiza. Es un mundo de reducciones por reestructuración, de compañías fusionadas y de compañías grandes que adquieren a otras en su medio. Los jóvenes mencionados ven a sus parientes y amigos sin trabajo después de haber tenido un empleo estable por décadas. La gente que está entrando al mercado laboral se pregunta qué tienen que ofrecer y qué les ofrecen en cambio a ellos.

Dadas las circunstancias, ciertamente no culpo a estos estudiantes de tener reservas respecto al futuro. Lo que puedo hacer, sin embargo, es recordarles que la única cosa en que pueden confiar en este mundo cambiante es en ellos mismos. Y recordar eso es la ruta más directa para recuperar la autoconfianza.

### La confianza en contraposición al temor

La confianza y el temor son antagonistas. Donde uno de estos existe el otro se bloquea o está ausente. Si uno está asustado, no puede confiar en sus decisiones. Por otra parte, si uno confía en sí mismo no sentirá temor de las decisiones que tome.

Confíe en esa voz interna que indica el camino correcto. Un indicador de que uno confía en sí mismo es que está dispuesto a escuchar esa voz que proviene de su interior. Si uno reconoce el valor que implica prestar atención a la intuición y al instinto, emprenderá la acción aún en contra de pronósticos reservados.

El temor crece cuando uno duda en sí mismo, cuando uno empieza a pensar que lo peor puede pasar, cuando uno piensa que los resultados pueden ser negativos. El temor se detiene a la entrada de la conciencia, esperando a ver si ésta le permite el menor indicio de invitación para entrar. La mejor manera de mantenerlo a distancia es permaneciendo firme arraigados en la autoconfianza.

Si uno descubre que se está inclinando hacia el lado del temor es bueno apartar un espacio y un tiempo para re-alinearse con su esencia propia. Uno puede utilizar cualquier método que funcione en su caso: la meditación, caminar solo en un parque, hablar con un amigo de confianza, o participar en una actividad que le guste. Cuando uno reafirma sus singulares talentos, habilidades y valía propia, el temor se desvanece con la misma rapidez que surgió.

### Las decisiones "correctas" versus las decisiones "incorrectas"

A veces solemos olvidar que los errores en la vida son en realidad lecciones. Esto les suele ocurrir a los estudiantes universitarios recién graduados quienes tienen que tomar sus primeras decisiones de peso en la vida. El logro verdadero no tiene que ver con hacer todo perfecto sin cometer errores. Más bien, tiene que ver con tomar decisiones desde la mejor perspectiva que se tenga y respaldar luego esas decisiones con los mejores esfuerzos para obtener los mejores resultados.

¿Cómo sabe uno cuáles son las decisiones correctas y las incorrectas?

Nadie sabe eso. Lo único que se debe hacer es tomar la decisión que se considere más acertada y entonces emprender la ruta hacia el éxito o hacia las lecciones que se necesiten aprender. En el camino hacia la meta usted aprenderá lecciones de sí mismo, de otras personas y de la vida en general. En ocasiones uno necesitará revisar el mapa para asegurarse de que va en la dirección correcta y hasta es posible que decida que debe cambiar completamente de destino. Eso no significa que uno tomó la decisión incorrecta o que falló en sus propósitos. Más bien, significa que uno necesitó modificar el plan original en la medida en que recibió información más precisa.

Recientemente tuve una consulta con una mujer llamada Audrey quien se solía quejar de que su vida era un fracaso. Yo le pregunté qué le hacía pensar que eso era así. Ella dijo: "En este momento ya tengo treinta y cinco años y todavía no he aterrizado. Todavía no sé qué es lo que quiero. Voy de empleo en empleo, de un lugar para otro y ninguno de estos resulta ser el *definitivo*."

Entonces le pedí a Audrey que hiciera una lista de cada uno de los trabajos que había tenido, comenzando por el primero que tuvo como niñera, hasta el último como asistente administrativa en una agencia inmobiliaria. A medida que ella revisaba en su mente la cronología de los sucesos le pedí que mencionara qué le había gustado y qué no en cada uno de estos. También le pedí que mencionara lo que había aprendido de cada uno de estos y la razón por la que los había dejado. A medida que ella hablaba yo tomaba bastantes apuntes. Cuando ella terminó su relato, yo leí lo que había escrito y le dije: "Yo no veo aquí nada que siquiera sugiera un fracaso. Más bien, lo que tengo aquí es la historia de una persona que ha aprendido muchísimo en una variedad de campos diferentes y que permaneció en estos lo necesario para descubrir lo que se necesitaba. Y en cada uno usted renunció cuando ya había aprendido lo que debía aprender. Yo no veo ningún fracaso en ello."

Audrey permaneció sentada en silencio. Reconoció que yo tenía razón y que nunca había visto la vida desde esa perspectiva. Se dio cuenta que lo que ella es, consiste en un asunto de elección. El asunto en cuestión era: ¿Prefería ella notar lo que era acertado o no en sus decisiones?

No hay semejante cosa como el error inútil. Los "giros inesperados" que uno toma en el camino son simplemente oportunidades de ver un cuadro más completo de la situación, lo cual hubiera sido imposible ver desde una sola perspectiva. Cuando usted confíe en sí mismo y en su habilidad de perseverar y de sobreponerse a los tropiezos entonces fijar la senda correcta será una tarea menos intimidante.

## LOS CAMBIOS DE DIRECCIÓN

*Permita que su alma esté tranquila*
*y serena ante millones de universos.*

—Walt Whitman

A través de los años he atendido en consulta a miles de personas que se han sentado frente a mí, con lágrimas en los ojos, y que han reconocido que el camino en el cual se encuentran no es el que ellos esperaban andar. Muchos de ellos han estado en las listas de quienes son atrapados por sus propias habilidades, quienes tienen esposas de oro atando sus manos, quienes se esfuerzan por vivir a la altura de las expectativas de quienes los rodean, con la certeza interna de que no tienen la vida que les gustaría tener.

Muchos de ellos ya han descubierto la verdad en su interior. Han podido establecer qué es eso que verdaderamente los haría sentirse vivos, no obstante, sienten un inmenso temor de arriesgarse a vivir su propia verdad. Con frecuencia, por inseguridad o por la presión externa, no hacen caso de esa voz interna que les dice lo que sería correcto para ellos. En cada una de esas historias, repica una voz que reclama ser escuchada desde el interior.

### LAS EXPECTATIVAS DE OTROS

Josh, de treinta y cuatro años, era un abogado que trabajaba con el gobierno federal. Era muy bueno en su labor y trabajaba arduamente, año tras año. Pero después de diez años se sentó en mi oficina y por primera vez admitió la verdad.

"Odio mi trabajo." Confesó honestamente, y agregó, "En verdad no me gusta ser abogado. No me gusta el sistema legal en general." También dijo que temía ir al trabajo cada día y que sentía un grado de depresión la mayoría del tiempo. Yo le pregunté a Josh por qué había escogido ser abogado. La respuesta fue que lo había hecho para complacer a su padre, quien era un gran abogado en la oficina del distrito. Josh anhelaba profundamente tener la aprobación de su padre, y convertirse en abogado era la forma de asegurar que siempre contaría con su aprobación.

Proseguí en mis preguntas y le pedí que me indicara qué era lo que él disfrutaba hacer. Él dijo: "Me gusta trabajar con las manos. Me gustan los engranajes y las cadenas." Yo debí parecer algo inquisidora porque él explicó: "Motocicletas, adoro trabajar con motocicletas. Me gusta tener grasa en mis manos. Me gusta el olor del aceite." Yo me quedé asombrada aunque intenté disimular mi asombro. ¿No es interesante que alguien pueda pasar diez años haciendo algo que no le gusta sólo para conseguir la aprobación de otra persona? En verdad es asombroso, pero de hecho, sucede todos los días.

La llave que abre la prisión de las expectativas de otros consiste en estar dispuesto a ser veraz con uno mismo, con la familia, con los amigos y con el mundo entero. Los sentimientos propios son los que deben estar sentados al frente del volante, no las expectativas de las otras personas. Si usted le concede a otros el poder de escoger el camino que le corresponde andar a usted, será un participante pasivo de su propia vida. Hay dos opciones: ser el conductor o ser el pasajero.

¿Cuál escogerá usted?

### Cómo neutralizer a los "negahólicos"

Los "negahólicos" existen. Son expertos en decir "no" y tienen mantras de "no puedo," "no debería," "no va a funcionar," "no es posible." Son la clase de personas que lo animan a uno a quedarse en lo básico y a no arriesgarse, y que tratan de reflejar sus expectativas en las demás personas. Suelen pensar que son realistas y que le están evitando desilusiones a uno. No obstante, sienten aversión por los riesgos. Sus intenciones pueden ser buenas, pero en realidad, le están privando a uno, de forma inconsciente, de la libertad de utilizar su intuición como timón.

Cuando ellos ataquen su sueño, usted necesitará ser lo suficientemente fuerte para hacerles frente. Los sueños pueden ser frágiles cuando están expuestos a la dureza del mundo exterior, de modo que usted necesitará protegerlos. La siguiente lista de ejercicios mentales le ayudará a mantenerse centrado en sus creencias y a no desviarse del camino.

1. Pegue notas de auto estímulo en su refrigerador, en el espejo de su baño, en el vestidor, en su escritorio y en la esquina de la pantalla de su computador. Ver tales mensajes escritos orientará su mente para conseguirlos.

2. Lea biografías e historias de personas que hayan enfrentado y superado la adversidad. Lea un poco de estas historias al momento de irse a dormir, de modo que se mantenga inspirado.

3. Rodéese de personas que crean en usted. Si se encuentra con "negahólicos", condiciónelos con respecto a sus expectativas, controle la forma como ellos le hablan o evítelos en su vida.

4. Organice un grupo de personas que le apoyen y dígales exactamente qué es lo que usted espera de ellos. Pídale, a aquellas personas que lo apoyan, que le recuerden a diario su meta y que le suministren estímulo para lograrla.

5. Escriba su visión y su misión y remítase a ella cada mañana cuando se despierte. Así usted programará su día con el enfoque de sus metas en mente.

6. Prepárese para los ataques de los "negahólicos" cuando estos ocurran. ¿Qué dirá usted? ¿Cómo responderá? Ayuda estar en guardia y tener lista una respuesta. ¿Qué diría usted que le ayuda a permanecer enfocado en sus metas?

Tomemos como ejemplo a Josh, mencionado anteriormente, para ilustrar cómo funcionan estas técnicas. Cuando Josh decidió dejar de ejercer el derecho y concentrarse en trabajar con las motocicletas, colocó notas adhesivas en los espejos de su casa con afirmaciones positivas. Escribió frases como "¡Yo puedo hacerlo!" y "Es importante que yo haga lo que me gusta, no lo que a mi padre le gusta." Estas notas de estímulo le ayudaron a reafirmar su autoconfianza.

También recopiló biografías de personas a las que admiraba. Entre estas estaban las de los hermanos Wright, quienes les dieron a los humanos alas para volar, a pesar de que había evidencia acumulada de que aquello no era posible, y la biografía de Lance Armstrong, quien superó la posibilidad de supervivencia del 30% al enfrentar un cáncer y ganó el tour de Francia en 1999 y en 2000. Josh leyó estas biografías una y otra vez y se mantuvo animado.

También le contó sus planes a sus amigos más cercanos y les pidió que se abstuvieran de su costumbre habitual de reírse de temas serios. Le pidió a Lisa, su novia, que le recordara que lo amaba *sin importar lo que él hiciera para ganarse la vida.*

De igual manera, escribió en una hoja de papel su visión y su misión y las leía cada mañana en voz alta, a fin de reforzar sus objetivos.

Por último, en el caso de Josh fue lo más importante, practicaba lo que le iba a decir a su padre cuando éste expresara su desaprobación o desilusión. Cuando su padre expresaba pesares por la cantidad de dinero que había invertido en la educación de Josh y en su "respetable" carrera, Josh respiraba profundo y contestaba respetuosamente: "Entiendo que tengas tu perspectiva y la respeto. Sin embargo, yo también necesito respetar mis propias preferencias y espero que tú también puedas hacerlo." También se recordaba en silencio a sí mismo que lo único que su padre estaba haciendo era manifestándole su amor y que se sentía agradecido por tener un padre que se interesara tanto en él.

Dos años después de que todo esto ocurrió, me encontré con Josh y le pregunté cómo les iba a él y a su padre. Expresó una amplia sonrisa y me dijo que le había regalado a su padre una motocicleta de alta tecnología en su cumpleaños y que ahora iban juntos a montar todos los domingos. Cuando encuentran en el camino a alguien cuya motocicleta se ha averiado, el padre de Josh es el primero en dar la tarjeta ofreciendo los servicios mecánicos de su hijo.

## LAS ESPOSAS DE ORO EN LAS MANOS

Paul vino a verme porque se sentía infeliz. Expresó vergüenza al admitir que aunque se ganaba más de seis dígitos al año y tenía una hermosa casa, cuatro automóviles, más una costosa colección de arte, no era feliz. Como vicepresidente ejecutivo de un banco disfrutaba de muchas ventajas, lo que incluía la posibilidad de utilizar el condominio de la compañía en Jamaica, automóvil y chofer para ir al trabajo y otros lujos. Dada esta situación, Paul pensaba que no tenía derecho a sentirse insatisfecho. Pero lo estaba.

Paul se despertaba todas las mañanas con un malestar. Emprendía su rutina diaria con la idea de que aquello era un pequeño lado negativo en su vida y que no debía prestarle atención. Cuando le pregunté a Paul si había otra cosa que le gustaría estar haciendo me contestó de inmediato: "Eso ni pensarlo. No pensaría en cambiar de carrera. Tengo una hipoteca, cuotas de los automóviles, derechos de club campestre y otros compromisos económicos. No puedo hacer ningún cambio con todas esas responsabilidades."

"Tal vez no," respondí, "pero, ¿qué hay de bueno en la casa, los autos o el club campestre si no los disfruta?"

Paul era prisionero de unas esposas de oro. Él no podía imaginar su vida en otras circunstancias ni tampoco podía tomar control de la situación. Estaba tan aferrado a su estilo de vida que descuidaba su propio bienestar interior.

Sin embargo, había algo que Paul deseaba hacer, más que ser sencillamente un banquero. Pablo deseaba ser un comerciante de arte. Él amaba su colección y consideraba que tenía un buen ojo para reconocer a los nuevos talentos. No fue sino hasta varios meses después que Paul regresó para hablarme de hacer un cambio. Necesitó esperar hasta que la insatisfacción superara su comodidad con las posesiones materiales. Cuando uno es prisionero de la armonía no es posible visualizar nuevas perspectivas.

Ahora, cinco años después, Paul es un comerciante de arte muy exitoso y hasta tiene casi el mismo salario de antes. Sólo que ahora el ingreso le trae regocijo, en vez de hacer que su vida se sienta atada a algo.

¿Lo mantiene su estilo de vida atado a un camino que no es el suyo? Si así es, escapar significa desatarse valientemente de las esposas que lo mantienen atado y emprender el desafío de una nueva posibilidad. No es fácil hacerlo, pero nadie dijo que el logro se alcanza así nada más.

La confianza que usted tuvo en el pasado puede ser desarrollada de nuevo. Si en el pasado fue lo suficientemente inteligente, fuerte y determinado para crear un estilo de vida confortable haciendo algo que no le gustaba, ¡imagine lo que puede alcanzar si logra hacer lo que le gusta!

¡Las posibilidades son infinitas!

## SALIÉNDOSE DE LA RUTINA

Con bastante frecuencia ocurre que las personas se hallan atrapadas en una red de insatisfacción. Se quejan de la vida que viven y, sin embargo, no hacen nada para salir de esa situación. Todos conocemos personas que piensan que no hay nada que se pueda hacer para cambiar su situación en la vida. Estas personas dicen cosas como: "Ya es muy tarde para empezar" o "no tengo los medios para detener todo esto" o "Ya estoy demasiado endeudado para hacer un cambio ahora." Tal vez estas personas no lo reconozcan conscientemente pero han cavado para sí mismos un hoyo de negatividad rodeado de las barreras de la familiaridad y la comodidad.

No obstante, usted sabe cuándo hay un sentimiento de insatisfacción en su interior. Usted sabe cuándo está desperdiciando su tiempo, yendo solo a través del día, de la semana, del mes, del trimestre. Usted sabe cuándo hace falta algo en su vida. Cuando surja en usted este sentimiento, tendrá dos opciones para escoger: Usted podrá ignorarlo y permanecer atado a la desdicha o podrá hacer que las cosas cambien.

La forma de salir de la red de la insatisfacción consiste en dar el valiente paso de admitir la verdad para uno mismo. Si usted continúa negando que eso es cierto, diciéndose a sí mismo que "así está bien" en su caso, entonces eso es todo lo que recibirá. Si usted se oculta de su propia verdad, nunca podrá cambiar nada. Admitir la verdad le ayudará a salir de la situación.

Y una vez que usted reconozca su verdad, podrá dar los siguientes cuatro pasos que permiten realizar el cambio, si usted decide hacerlo. Los cuatro pasos son: elección (escoger de forma activa la ruta de liberación), estrategia (diseñar un plan realista), compromiso (emprender la acción), y celebración (recompensarse a sí mismo por lograr el éxito).

El elemento clave que usted necesita para salir de la rutina es la voluntad. Sin voluntad para mejorar sus circunstancias no podrá contar con las energías y la creatividad que necesitará para cambiar su vida.

¿Está usted dispuesto a mejorar sus circunstancias o prefiere permanecer donde está? Recuerde que lo que usted haga con su vida, depende únicamente de usted.

## CREA EN USTED MISMO

*Nada es al final más auténtico, que*
*la propia integridad de la mente de uno.*
—Ralph Waldo Emerson

Cuando usted cree en sí mismo, está en condiciones de tomar decisiones significativas. La autoconfianza le permite actuar con resolución; le hace tener fe en sus ideas y habilidades, y, de la misma manera, le permitirá saber de forma innata qué es lo que resultará más conveniente en su caso.

Muchos de los grandes triunfadores de nuestro tiempo fueron calificados en su momento como desadaptados, por las perspectivas que tenían o los objetivos que pensaban desarrollar. Amelia Earhart fue objeto de muchas mofas simplemente por sugerir que una mujer podía volar un avión de la misma manera que lo podía hacer un hombre. Del mismo modo, muchas de las ideas de Thomas Edison fueron consideradas ridículas y hasta imposibles. Cuando Katharine Graham, la legendaria editora publicó en *The Washington Post, Los papeles del pentágono* y las historias sobre el Watergate de Woodward y Bernstein, se pensó en todas partes que ella estaba equivocada. Todas estas personas compartieron el mismo sentimiento profundo de la veracidad de lo que habían concebido y tuvieron el valor de confiar en sí mismos y la disposición de seguir su voz interna a cualquier precio.

La única diferencia entre estas personas y usted es que sus logros ya han sido registrados, mientras que los suyos hasta ahora son un proyecto. Todos los seres humanos tienen el potencial de la grandeza, lo que lo incluye a usted también. La forma de comenzar es conectándose a la fuente interna de grandeza: la confianza.

## CONFIANZA

La confianza es fe interior. Es un sentimiento de seguridad interna que ratifica que uno cuenta con todo lo que se requiere para realizar la tarea que uno se proponga. De allí surge un sentimiento único y poderoso que proviene como resultado de conocer que uno puede contar consigo mismo.

Todos nacemos con una medida innata de confianza. La confianza es un estado natural del ser. Por ello es que los niños son tan seguros de sí mismos y en ocasiones hasta parecen impertinentes, intimidantes e invencibles. Si un bebé no tuviera confianza, ni siquiera intentaría levantarse para estar en pie. Los bebés tienen el conocimiento interior que les indica que pueden hacer de esos maravillosos miembros un instrumento de motricidad.

Esa confianza innata empieza a desvanecerse a medida que el tiempo pasa, a medida que escuchamos expresiones como "No," "No toques eso," "Eres demasiado joven," "No seas ridículo." Con la experiencia, de hecho aprendemos que hay cosas que están fuera del alcance de nuestras habilidades. No obstante, para el tiempo en que nos convertimos en adultos, nuestras reservas de confianza pueden estar tan agotadas que tal vez experimentemos dificultades para utilizarlas.

De modo que, ¿cómo podemos hacer que ese proceso retroceda?

Existen dos maneras para recuperar la confianza perdida: la exploración interna y la confirmación externa. Sócrates creía en el poder del conocimiento interior, mientras que Aristóteles consideraba que la confirmación externa era necesaria para crecer y aprender. Ambos tenían razón porque Sócrates estaba enfocado en el alma mientras que Aristóteles lo hacía en la mente.

Para fortalecer el conocimiento interior necesitamos experimentar pequeños éxitos como una forma de reconstruir lo que se había desvanecido. Imaginemos que usted tiene que construir una casa. Dicha tarea puede parecer intimidante si no lo ha hecho antes, por tanto, puede que usted se sienta inseguro respecto a su habilidad de hacerlo. El secreto para lograrlo es comenzar con algo pequeño, tal vez algo tan pequeño como sentar el primer ladrillo. Cuando usted hace eso de la forma correcta, empieza a construir la confianza. El segundo ladrillo, el tercero, el cuarto, incrementan esa confianza. Así es como usted empieza a desarrollar el sentimiento de: "Yo puedo hacer esto." Antes de que se dé cuenta de ello, usted no sólo estará poniendo ladrillos, sino edificando una casa.

Con el fin de aumentar y complementar ese sentimiento de logro que empieza a resurgir, usted también necesitará apoyo y motivación externos. Aristóteles sugería mirar alrededor. Observe a quienes han triunfado antes que usted y obtenga confianza a través de ellos. Aprenda de sus acciones y de sus errores. Utilice sus experiencias como modelos y espejos de su propio potencial aún no alcanzado.

Nicholas era guionista. A pesar de varios intentos, no podía vender ni uno de sus guiones. Durante dos años vivió de sus propios ahorros mientras que enviaba cartas a agentes y productores. También, continuaba tomando clases en las noches a fin de mejorar sus destrezas. Al finalizar el primer año, sus amigos y familiares empezaron a cuestionarlo preguntándole cuánto le iba a durar su "experimento de creatividad." Después, al final del segundo año, la mayoría de ellos le estaban diciendo que era un tonto si continuaba en su lucha y le animaban a encontrar un trabajo bien pago.

Nicholas, sin embargo, rehusó darse por vencido y perseveró hasta ver su sueño hecho realidad. Él *sabía* que iba a poder vender uno de sus guiones algún día. Parte de su determinación provino de la perseverancia, pero la mayor parte de ella provino de la resolución interna de respaldar su decisión de hacer carrera en la escritura de guiones. Confió en su propio talento así como en su habilidad para promoverse a sí mismo y estuvo dispuesto a aprender de sus errores.

Cuando Nicholas experimentaba aquellos momentos de duda, se recordaba a sí mismo historias exitosas como la de James Cameron de *Titanic*. A pesar del hecho de que todo Hollywood pensó que él estaba loco por invertir tantos millones de dólares en una película de la cual todo el mundo sabía el final, él siguió adelante. Así que cuando los "negahólicos" o las dudas internas empezaban a inquietar a Nicholas, él se recordaba a sí mismo (y también le recordaba a ellos) que Titanic, que había sido la película más exitosa de todos los tiempos, nunca hubiera sido producida, si no hubiera sido por la confianza y perseverancia de Cameron.

Al final la historia tuvo un final feliz. Nicolás vendió uno de sus primeros guiones (por una gran suma de dinero) y un estudio importante planea producir su largometraje en el futuro cercano.

En la vida no existen garantías. Es posible que Nicholas nunca hubiera vendido su guión, pero él no lo hubiera sabido si no se hubiera dado una oportunidad. Si uno confía en sí mismo, deposita toda su energía en su proyecto. Y cuando lo hace, las posibilidades de lograr el éxito se multiplican. El éxito viene luego de que uno se compromete con su elección con toda las fibras de su ser. Si despliega fe en sí mismo y respalda su elección, verá cómo su inversión de tiempo, energía y esfuerzo, producen resultados.

Dentro de cada uno de nosotros existe un ADN espiritual, un código que representa nuestras fuerzas, talentos, preferencias y pasiones. Para que nuestra vida tenga propósito, ese ADN debe ser decodificado y entendido. El desafío que todos tenemos es el de descubrir la ruta que es particularmente nuestra. Luego de hacer eso, nos corresponde confiar en nosotros mismos, de modo que podamos andar en esa senda para ver la realización de nuestros sueños.

Cuando usted confía en sí mismo, descubre su propia verdad.

Y cuando honra tal verdad, entonces puede ver cuál es su senda auténtica la cual le conducirá a la prosperidad que conectará su mente, encenderá su corazón y hará que éste rebose de felicidad.

# CUARTA REGLA

*Metas que son piedras
de apoyo en su camino*

Su viaje hacia el éxito se proyecta hacia delante
por las metas que usted fija a lo largo del camino.

La senda del logro se construye con los sueños, luego, se pavimenta con los dones y talentos propios, y finalmente se forja con la determinación. No obstante, lo que hace que uno avance hacia su destino, son las metas que establece a lo largo del camino. Éstas funcionan como las piedras que hay que pisar en la ruta. Cada una es un indicador de dónde dar el siguiente paso.

Las metas permiten determinar hacia donde nos dirigimos. Es el "allá" que usted identifica desde su punto de vista estratégico desde "aquí." Existe una cuerda invisible entre el lugar donde usted está y el lugar a donde quiere ir. Cuando usted se detiene y define a dónde es que usted desea ir, fortalece esa cuerda. La expectativa del logro de sus metas es lo que crea una tensión dinámica que lo atrae hacia su realización.

Todos tenemos nuestros propios sueños: lo que queremos lograr, lo que queremos alcanzar o conseguir, expectativas de lo que queremos que nuestras vidas lleguen a ser. Lo que transforma esos sueños en realidad es la disposición de formularlos en términos de metas reales. Al hacerlo, uno empieza a trazar el camino que lo guiará a la consecución de sus sueños.

## EL PODER DE LAS METAS

*No conozco nada más animador que*
*la habilidad incuestionable del hombre*
*de enaltecer su vida por el esfuerzo consciente.*
—Henry David Thoreau

La expresión "fijarse metas" ha sido una expresión sobre utilizada en los campos profesionales y de superación. Pero es verdad: Es todavía la forma más efectiva de dirigirse desde donde uno está hacia el lugar donde desea ir. La sabiduría popular en ocasiones parece sencilla, no obstante, se ha probado que su eficacia es universal.

Durante unas tres décadas yo he estado utilizando de forma personal y con mis clientes, la estrategia de fijarse metas, y por experiencia sé que el asunto funciona. Y funciona porque las metas hacen que los deseos queden bien establecidos sobre la base de lo claro y lo específico y por el hecho de que se fijan límites de tiempo para realizar los objetivos. Todas las personas a las que yo he atendido en mis consultas han comenzado sus procesos a través de fijarse metas. Si ellas no hubiesen tenido metas yo no hubiera sabido cómo apoyarlas. Tampoco hubiera sabido qué pasos dar y cuándo darlos.

Las metas son lo que lo impulsan a uno hacia adelante en el terreno del juego. A medida que usted alcance cada una de sus metas, estará más cerca de la visión del éxito que ha concebido en su mente. Las metas son indicadores de logro a lo largo del camino, los cuales aumentarán su motivación a medida que se acerque a su línea de meta. Lo importante no es el tamaño ni el alcance de la meta, éstas pueden ser pequeñas o significativas; lo importante es que usted dedique tiempo a articularlas.

Si no establece metas, se encontrará con que simplemente estará esperando que las cosas pasen. Tal vez usted cruce los dedos o pruebe con las galletas de la fortuna esperando por anticipado una confirmación de las esperanzas no realizadas. "Brillo y resplandor de las estrellas, la primera estrella fugaz que vea esta noche..." tal vez muchos piensen que esa es una manera mágica de hacer que los sueños se hagan realidad, pero difícilmente es un método confiable de obtener lo que se quiere en la vida. Como lo expresó Benjamín Franklin en una oportunidad: "El que vive de la esperanza, morirá ayunando."

Alcanzar sus metas no solamente le motivará a usted sino que también le hará mantenerse enfocado en la ruta correcta, lo que evitará a su vez, que ande caminando en círculos. David Campbell, mi amigo, dijo: "Si tú no sabes a dónde vas, tal vez termines en otro lugar." ¿Cómo puede usted saber hacia dónde se dirige o cómo llegará allá si no tiene en mente un destino final?

## LOS SUEÑOS VERSUS LAS METAS

> *Los sueños pasan a la realidad de la acción.*
> *Y de la acción surge de nuevo el sueño;*
> *y de esta interdependencia se alcanza*
> *lo mejor en la vida.*
>
> —Anaïs Nin

Cuando yo le pregunto a la gente cuáles son sus metas, con frecuencia recibo respuestas como "ser feliz," "mantenerme saludable," "conseguir un millón de dólares," o "encontrar una relación maravillosa." Éstas son en realidad, grandes generalizaciones acerca de uno mismo, de lo que se desea vivir, de lo que se quiere ser o tener. Muchos se sorprenden cuando les digo que lo que están comunicando, de hecho, no son en realidad metas. Lo que están comunicando son deseos, intenciones y visiones.

Los sueños y las metas son primos en primer grado. Pertenecen a la misma familia pero tienen rasgos que los diferencian. Lo que tienen en común es que ambos describen lo que la gente quiere y lo que conciben en su mente. No obstante, existe una gran diferencia entre los dos: Los sueños son generales y las metas son específicas.

Los sueños describen cómo se ve usted en el gran cuadro. En la primera regla, las imágenes que usted creó son sueños. Estos proveen el entorno interno de los deseos, actúan como una brújula guiándole en la dirección en que debe ir. Estas son declaraciones exageradas de la intención. Generalmente están caracterizadas por el eco silencioso de "algún día."

Las metas, por otra parte, son tangibles. Tienen fecha de cumplimiento, son específicas, tienen un objetivo, son medibles. Las metas son declaraciones de los resultados calculados que se deben alcanzar. Suministran un medio de transformar los deseos en resultados reales, son un polo a tierra de la realidad. Ayudan a la gente a saber cuando "ganan" y suministran la base para determinar dónde se deben concentrar los esfuerzos. Son las que transforman "algún día" en "hoy."

Los sueños son importantes a fin de formular la imagen global, ayudan a extender la imaginación para establecer lo que uno puede llegar a ser. Son la materia prima de las metas. Los sueños sobrepasan la vida y suministran algo a lo cual aspirar; no obstante, usted puede sujetar con sus brazos sus metas. Los sueños son el lienzo, las metas son las pinceladas que usted hace para pintar el cuadro de su vida.

Por ejemplo, Ali había estado soñando durante años con la idea de tener una casa para esquí. Adoraba esquiar y pasar su tiempo en Colorado. Tener una cabaña cerca de las montañas era un "requisito" en términos de su plan de vida. Sin embargo, las estaciones de esquí pasaban una tras otra y ella no hacía nada para hacer realidad su sueño.

¿Qué pudo haber hecho Ali? ¿Qué metas pudo haberse fijado ella para iniciar con el proceso de tener la casa de sus sueños?

Bueno, como principiante, ella pudo haber establecido una meta de organizar sus finanzas en un término de seis meses a fin de empezar a ahorrar para comprar la casa. O, si ella ya hubiese tenido el dinero en el banco, podría haberse fijado otras tareas, tales como concretar varias citas con agencias inmobiliarias antes de que comenzara la próxima estación. Pudo haber hecho cualquier cosa. Hasta la cosa más pequeña, como ir a visitar una ciudad en particular. Habría sido suficiente. El punto aquí es establecer un plan firme, específico y un límite de tiempo para hacer que los planes empiecen a rodar.

Mike por otra parte, tenía un sueño que era un poco común: llegar a ser rico. Desde que era un muchachito, Mike soñaba con tener una cuenta bancaria que superara los seis dígitos, automóviles de lujo, una casa grande que tuviera una piscina, espacio de sobra para los invitados y un armario lleno de ropa de diseñador. Sus gustos rayaban en lo extravagante y él mismo se imaginaba a sí mismo viviendo de esa manera.

La situación de Mike, en realidad, era muy diferente. Él vivía en una casa modesta de dos habitaciones, conducía un automóvil más bien pequeño, el cual estaba terminando de pagar, compraba la mayoría de su ropa en la época de descuentos en un local de ropa para hombres y sus extractos bancarios difícilmente superaban las cuatro cifras en dólares.

Así que para transformar la visión de Mike en realidad se necesitaba comenzar con algunas cosas básicas. Su meta podría ser recibir un aumento, hacer un plan financiero o buscar un trabajo mejor remunerado. El podía hacer algunas cosas para mover el balón en el terreno de juego. Por ejemplo, podía visitar a un asesor financiero, pedir un aumento, o buscar un nuevo trabajo. Hasta podría fijarse una meta sencilla, como ahorrar suficiente dinero para comprar una corbata de marca. Una pequeña meta alcanzada generaría suficiente satisfacción personal y le daría el estímulo necesario para lograr metas más grandes.

Observe en la siguiente tabla algunos sueños y metas potenciales. Establezca la diferencia entre los sueños y las metas, y considere cómo puede usted hacer que sus sueños se conviertan en realidad.

| SUEÑOS VERSUS METAS | |
| --- | --- |
| SUEÑO | META |
| Vivir al lado del mar | Vivir en una cabaña en Malibú antes de dos años |
| Ser el líder de mi industria | Aparecer en el *Wall Street Journal* en los próximos cinco años |
| Casarse | Establecer una relación amorosa, comprometida y duradera con una persona a la que se sienta atraído y se pueda enamorar antes del próximo día de San Valentín |
| Estar en forma | Pesar 80 kilos y estar en forma para el próximo 15 de junio |
| Tener independencia financiera | Estar libre de deudas e invertir USD$500 al mes dentro de cuatro años. |
| Tener un bebé | Ir al médico y averiguar lo que se necesita para quedar embarazada antes de que finalice el próximo mes |
| Encontrar un trabajo mejor y más satisfactorio | Estar intensamente ocupado en hacer lo que le gusta hacer y alcanzar el estilo de vida deseado antes de cumplir cuarenta años |
| Tener mi propio negocio | Averiguar por oportunidades de franquicias y escoger una al final del año |
| Trabajar con niños | Ofrecerme como voluntario un día a la semana en el hospital local y leerle a los niños en la unidad pediátrica |
| Escribir un libro | Escribir el bosquejo de mi novela de espionaje para enviarlo al grupo editorial al comenzar el próximo otoño |

¿Cuál de sus sueños personales está usted en capacidad de transformar en realidad? ¿Cuál de éstos puede dividir en etapas alcanzables? Es probable que algunos de la lista de arriba coincidan con sus sueños o puede que sean algo totalmente distinto. El asunto es que usted ya sabe en su interior cuál de sus sueños desea intensamente que se cumpla. Si no es así, aquí hay una sugerencia: ¿Es el sueño que le está susurrando al oído en estos mismos momentos, el sueño que está tirando de la ropa de su alma y quizás el que usted se siente más atemorizado de enfrentar? Sin duda es el que aparece en la pista, esperando tomar vuelo, el cual usted ve claro en la pantalla de su radar.

## ESTABLEZCA SUS METAS

*¡Ilumine el día de mañana con las actividades de hoy!*
—Elizabeth Barrett Browning

Establecer metas suministra dos herramientas invaluables: un sentido de causalidad y la dirección que se necesita para iluminar su camino. Las metas lo ponen a usted al timón de su vida; ir tras ellas afirma su causalidad de la situación. Las metas le permiten a uno dirigir el curso de acción en vez de simplemente dejarse llevar por el resultado de las circunstancias.

Fijarse metas suena bastante fácil. No obstante, para la mayoría de las personas resulta todo un desafío. Fijarse una meta puede resultar perturbador, porque puede implicar la posibilidad de enfrentar la desilusión tanto para usted como para otras personas. El temor al fracaso puede evitarse si uno no establece ninguna meta, pues, nadie puede fracasar si nunca declara qué es lo que quiere alcanzar.

### EL SÍNDROME "AHORA NO"

Una de las cosas por las cuales mis clientes y amigos me aman y me odian a la vez, es por el hecho de que una vez que los escucho expresar sus sueños, les pregunto: "¿Cuándo te gustaría hacer eso?" Lo hago porque me pongo ansiosa de verlos alcanzar lo que quieren. Y yo se que la única forma de lograrlo es a través del compromiso.

Tuve una conversación con mi amiga Dolores. Empezamos a considerar sus deseos, sueños y metas.

Ella dijo: "Un día, de verdad me gustaría tener una camioneta utilitaria deportiva."

Yo reaccioné con mi habitual "¿Cuándo te gustaría tenerla?"

Ella contestó: "Oh, algún día. No tengo afán."

Por supuesto yo insistí: "¿Cuándo?"

Ella se sostuvo en lo que dijo y contestó: "Cuando pueda costeármela."

Yo proseguí: "Y, ¿cuándo puede ser eso?"

Ella desafío mi insistencia: "Cuándo el sea el tiempo apropiado para ello."

Yo persistí: "Y, ¿cuándo crees que sea ese tiempo?" (Ámenme u ódienme rara vez me rindo en un asunto como este.)

Ahora ella se lamentó y dijo: "Oh, yo no sé cuándo. Ahora no, algún día."

Yo cambié mi tono de voz y le pregunté cómo se estaba sintiendo.

Ella contestó: "Presionada."

De nuevo le pregunté: "¿Por qué?" y ella dijo: "Porque sé que quiero una de esas camionetas pero no quiero ponerle una fecha a eso."

De nuevo le pregunté: "¿Por qué?"

Ella contestó: "Porque depende de un buen número de factores."

En ese momento supe que con esa declaración ya estábamos llegando a algún sitio. "¿Factores como cuáles?", persistí. Ella contestó: "Bueno, para comenzar, parte del sueño de tener una camioneta utilitaria es porque quiero tener una casa de campo, de modo que necesito la camioneta para ir allá los fines de semana. Ahora mismo yo no tengo la casa; ni siquiera tengo la cuota inicial. Yo se que esos autos son costosos y sencillamente en este momento no puedo comprarme uno. En este momento sería imposible fijarme una fecha para ello."

Al escuchar a Dolores recordé a cientos de clientes que rehúsan establecer una meta porque no tienen una cuenta bancaria que les permita realizar ese sueño de inmediato. Entonces le comenté uno de los secretos relacionados con fijarse metas: Establecer la meta es un paso en sí mismo hacia la consecución de la misma. No significa que usted vaya a alcanzar la meta inmediatamente. Fijarse una meta es como plantar una semilla. Uno la siembra, luego la riega, la expone a la luz solar y le agrega nutrientes. Algún día en el futuro emerge un tallo. Uno continúa el proceso de cuidado hasta el día en que consigue las flores o los frutos anhelados. Uno no planta la semilla y se queda contemplando el suelo esperando ver resultados inmediatos.

Esta conversación resultó ser una revelación para Dolores. Anteriormente ella pensaba que si se fijaba una meta sin tener los recursos se estaba engañando a ella misma. Ella pensaba que la actitud "ahora no, algún día" era ser sincera y realista. Desconocía que estaba involucrada en un ciclo auto derrotista. Pensaba que estaba engañándose a sí misma con simples deseos.

Y así como Dolores, muchas personas sufren del síndrome que yo llamo "ahora no." Quienes lo sufren se retraen por el temor a no obtener lo que quieren o por el temor a realmente alcanzar lo que quieren. Esto puede sonar un poco confuso, pero hay mucho de cierto en esto.

De vez en cuando todos nosotros nos beneficiamos del síndrome "ahora no." Ocurre, por ejemplo, cuando nuestros ojos son más grandes que nuestra billetera, o cuando nuestros sueños son mayores de lo que la vida puede darnos en el momento.

Uno no puede irse de viaje a China si en el banco tiene sólo un saldo de USD$250 y no hay cupo de préstamo en la tarjeta de crédito. Tampoco uno puede convertirse en el presidente de un conglomerado de la industria del entretenimiento si apenas va en primer semestre de universidad. Existe un momento oportuno para todas las cosas; más bien, la clave es conocer cuándo es el momento oportuno en el futuro, el momento en que la meta pueda concretarse. Esto es diferente a sencillamente dejar pasar el tiempo sin fijar el tiempo apropiado para las cosas.

Si usted está posponiendo transformar un sueño en realidad, pregúntese qué es aquello que impide que éste sea realizado. Si la respuesta suena como a una lista de excusas en vez de razones legítimas o hechos realistas, usted habrá encontrado la respuesta. En algunos casos será necesario romper el síndrome "ahora no" y asignar fechas realistas a esos sueños futuros.

## METAS ALCANZABLES

En la tabla "sueños versus metas", usted podrá observar que todas las metas cumplen con cinco criterios: Son específicas, medibles, alcanzables, realistas y orientadas con relación al tiempo. Para que las metas sean alcanzables necesitarán encajar en estos cinco conceptos. Si falta alguno de ellos, no es una meta, es una intención.

A fin de convertir los deseos en metas ayudará considerarlas a través del filtro de los cinco criterios. Estos sirven como una matriz sobre la cual usted puede poner sus metas para ver si pasan a través del proceso de selección.

1. **¿Es su meta específica?** Para hacer un sueño específico usted deberá articular y precisar *exactamente* lo que desea conseguir. Por ejemplo, si su meta es escalar la carrera corporativa dentro de su empresa, usted necesitará articular qué envuelve precisamente eso. Tal vez su meta sea la de

ser el presidente de la empresa. Aquí está otro ejemplo que escuché recientemente de parte de un participante en un seminario-taller; si su deseo es ser un jugador profesional de baloncesto, tal vez quiera especificar la posición en la cual va a jugar dentro del equipo.

2. **¿Es su meta medible?** El segundo criterio es que la meta debe ser medible. Usted deberá estar en condición de contar o medir de alguna manera el resultado. En el ejemplo corporativo el indicador sería su nombramiento como presidente por parte de la junta. En el equipo de baloncesto implicaría ser seleccionado para jugar con el equipo de su predilección.

3. **¿Es alcanzable?** El tercer criterio es que la meta sea alcanzable de acuerdo con su perfil personal. ¿Es alcanzable esa meta para usted, dados sus rasgos, características, dones y limitaciones? Seamos sinceros, uno no puede tener una estatura de un metro con sesenta centímetros y esperar jugar de central en un equipo de las grandes ligas de baloncesto. Si su empresa pide como requisito que todos sus ejecutivos tengan un título profesional, uno no puede esperar ser el presidente de la empresa sin poseer uno. En otras palabras, las metas deben estar dentro del dominio de sus posibilidades.

4. **¿Es realista?** ¿Es realista para usted esperar jugar en la liga profesional si tiene problemas con sus rodillas? ¿Es realista esperar ser el presidente de la compañía sabiendo que esto implica ser enviado a trabajar en otro continente a pesar de que sus padres envejecidos necesitan de su cuidado y atención? En otras palabras, ¿tiene sentido su meta? Existe una línea muy delgada entre alcanzar las estrellas y desconectarse de la realidad. La mejor manera de probar que su meta es realista es notar la reacción que produce en otros cuando usted la expone ante ellos. Si usted se empieza a poner a la defensiva, probablemente necesite ser más realista.

Algunas personas pueden desafiar la realidad. Pueden hacer

posible lo que parece totalmente imposible, lo cual es sobresaliente. Considere a Anne Sullivan ayudando a Helen Keller a aprender a comunicarse sin la facultad del habla o de la vista. Aquello es semejante a un milagro. No obstante, si usted cree en su corazón que tiene la capacidad de hacer que ocurran milagros, entonces, fíjese metas extraordinarias. Es a usted a quien le corresponde determinar la capacidad de fijar el curso, de permanecer diligente y comprometido con su meta, no importa lo demás. Ser realista se convertirá en una valoración subjetiva.

Rudy Ruettiger fue una de esas personas comprometidas. Su meta era la de jugar fútbol para el equipo Notre Dame. Aquella era una de las metas mas imposibles de realizar. Él era bajo de estatura, liviano de peso, pobre y tampoco tenía la educación promedio para ser admitido. No obstante, fue persistente en luchar por su meta. Aprendió a superar la dislexia y trabajó fuerte en sus esfuerzos atléticos. Finalmente fue admitido, recibió una beca y bajo una serie de circunstancias en realidad llegó a jugar en el campo de fútbol con el equipo por espacio de treinta segundos. Tanto el libro como la película titulada *Rudy* fueron inspiradores debido al compromiso infatigable con su meta completamente irrealista.

Si esto le suena a que puede ser su caso, adelante, vaya por la de oro. Sin embargo, si usted es de los que fijan metas de tipo más realista, no se extralimite.

5. **¿Está su meta orientada en el tiempo?** En quinto lugar, será necesario expresar la meta dentro de un marco de tiempo determinado. Todas las metas deben tener una fecha de finalización. Si no se fija una fecha, el resultado final se convertirá en una intención en vez de una meta, pospuesta por la eterna promesa de "algún día" y eclipsada por el síndrome "ahora no." Las fechas convierten las intenciones en realidades de calendario. Establecen un marco de tiempo para las metas y les impiden vagar lejos al infinito.

Por ejemplo, si usted se propone ser el presidente de su empresa, pero no especifica para cuándo desea alcanzarlo, el proceso puede ahogarse para siempre. De hecho, hasta es probable que usted posponga el trabajar para ello, ya que no hay una fecha límite para el resultado de sus esfuerzos. Usted siempre podrá comenzar su plan maestro mañana. Después de todo: ¿qué prisa tiene hoy?

De igual manera, si usted no pone una fecha para entrar al equipo de baloncesto, es posible que llegue a la categoría de adulto mayor primero y que haya dejado escapar las oportunidades que tenía para alcanzar su sueño. La última vez que miré, los Lakers no tenían personas mayores de 65 en sus listas.

Un aspecto para tener presente respecto al factor del tiempo: uno siempre puede revisar las fechas límite, según resulte necesario. Usted no es un fracaso si no alcanza la meta en la fecha que originalmente se lo propuso. Siempre es sabio revisar con frecuencia la tabla del tiempo y determinar si el tiempo que uno se ha fijado todavía es el apropiado. Si no lo es, cámbielo, si resulta necesario. El fracaso ocurre cuando uno no se permite la flexibilidad de alterar, editar y revisar sus metas cuando sea necesario.

Hasta los mejores planes necesitan ser modificados de vez en cuando. General Motors planeó tener el primer automóvil eléctrico – EVI – listo para la producción en masa con su nueva batería extendida para mediados de 1999. La compañía experimentó algunas dificultades tecnológicas y la fecha fue modificada para principios del año 2000. Como uno de los gigantes corporativos de América, GM sabe cuando revisar fechas límite, según se necesite, y no vacila en hacer cambios si resulta conveniente.

El no alcanzar un objetivo no significa que usted ha fracasado; significa que usted deberá encarar la verdad, reevaluar las circunstancias y fijar una nueva fecha, la cual seguramente, será más realista.

## EL USO DE LOS CRITERIOS DE METAS ALCANZABLES

Eric vino a visitarme porque no estaba seguro si debería dejar su trabajo como profesor de biología en la universidad y perseguir su sueño de estar al aire libre. Él deseaba comenzar un negocio de llevar excursiones por las montañas Blue Ridge. Eric había sido excursionista durante casi toda su vida y conocía los caminos al derecho y al revés y también conocía a profundidad la flora y la fauna nativa de la región. Le entusiasmaba la idea de combinar su experiencia como excursionista con su conocimiento de biología y compartirlo con quienes participaran en las excursiones.

Entonces le hablé de los cinco criterios para asegurarse de que las metas fueran alcanzables y le sugerí que miráramos su sueño a través del filtro para ver si pasaba la prueba. Él aceptó, de modo que primero miramos si la meta era específica. Lo era. No lo hubiera sido si Eric sólo hubiera dicho que quería hacer algo al aire libre. En vista de que él sabía exactamente lo que quería hacer dentro de un contexto, pasó el primer filtro.

A continuación preguntamos si la meta era medible. ¿Existía alguna forma de medir el logro? Eric pensó por un momento y contestó: "Cuando tenga al menos cinco personas inscritas para una excursión." Esta era su manera de medir su logro; por lo tanto, la meta era medible.

La siguiente pregunta era si la meta era alcanzable. ¿Tenía Eric las condiciones físicas para conducir a las personas a través de las montañas? Sí. ¿Tenía la capacidad mental para promocionar y administrar su pequeño negocio? Sí. ¿Tenía la capacidad emocional para asumir el riesgo? Eric hizo una pausa por no más de cinco segundos y dio un resonante "¡Sí!" Así que, de acuerdo con el criterio, la meta de Eric estaba dentro de sus capacidades y por lo tanto, era alcanzable.

En cuarto lugar, preguntamos si la meta de Eric era realista. La respuesta a esta pregunta es siempre difícil de establecer. Una persona que mire la situación de Eric desde afuera podría decir que es descabellado dejar una posición atesorada en una institución respetable por irse de excursión a las montañas. Para esa persona, la meta de Eric sería muy poco realista. Por otra parte, otra persona que tenga un espíritu aventurero podría discrepar y decir que la meta de Eric se encuentra dentro de los límites del pragmatismo. De modo que el concepto de "realista" puede ser un concepto totalmente subjetivo, así que sólo Eric está en condiciones de determinar si su meta es razonable o no.

Eric consideró sus circunstancias en la vida y se dio cuenta que nada se interponía en su camino para lograr su meta. Su esposa lo apoyaba decididamente, los fondos para la universidad de sus hijos ya habían sido girados y siempre podía regresar a enseñar si su negocio de excursiones no funcionaba. Y sin importar cuánto lo pensaba, Eric no podía imaginarse sin cumplir su sueño. Era algo que le robaba su atención en todo momento. Así, el sueño de Eric había pasado el filtro de los cinco criterios para las metas alcanzables; y hasta tenía un plan de retorno.

Al final consideramos el criterio del tiempo. Hasta ese momento Eric no había fijado un tiempo límite, y aquello se debía a la misma razón a la que la mayoría de la gente no lo hace: el temor. Yo le pregunté si estaba dispuesto a dar el paso final para hacer su meta realidad. Eric ni siquiera vaciló. "¡Absolutamente! Estoy resuelto a poner este plan en acción y a dejar mi trabajo en la universidad al final de este periodo."

Yo pregunté: ¿Qué hay de la primera excursión?

"Yo quiero tener mi primer grupo organizado y listo para la próxima primavera. ¿Participarías como mi invitada?"

Yo empecé a reír y felicité a Eric por su entusiasmo decidido. Al satisfacer los cinco criterios para alcanzar las metas estaba listo para triunfar en su juego personal del éxito.

¿Cuáles son sus metas? ¿Satisfacen sus metas los cinco criterios que hemos estado considerando? Utilice el filtro para determinar si las metas que tiene van bien encaminadas o si necesitan alguna revisión. Escriba su sueños, conviértalos en metas y utilice el filtro para comprobar su efectividad. Recuérdelo, mientras mejor orientadas estén sus metas, mejores probabilidades de éxito tendrá.

Las visiones, los deseos, las intenciones y los sueños, todos son valiosos. Son la chispa que enciende la imaginación y nos animan a definir adónde queremos ir. Sin embargo, a fin de llegar allá uno necesitará aterrizar los sueños y elaborar algunos planes. Establecer metas es el primer paso en el establecimiento de esos planes.

Los sueños viven en la mente; los planes existen en la realidad. Los sueños nos dan esperanza; las metas nos dan resultados. Los sueños apuntan a un mañana sobresaliente, no obstante, las metas nos dan un sentido de logro tangible, hoy.

Aunque ambos son importantes, las metas son el punto de inicio para poner en movimiento los planes.

¿Está usted listo para transformar sus sueños en realidad?

# QUINTA REGLA

---

*Sus acciones afectan*
*los resultados*

---

La calidad y cantidad de energía que usted invierta
en sus metas impactará directamente los resultados
que usted haya de obtener.

Todo lo que le rodea, tanto en lo personal como en lo profesional, es el resultado de las acciones que usted ha emprendido. Con las raras excepciones de los dones y los milagros, todo aquello por lo cual usted se enorgullece, los resultados que le dan un sentido de logro, las relaciones que le traen felicidad, las posesiones materiales y las experiencias que ha tenido, todas estas cosas son el resultado directo de los esfuerzos que ha hecho para alcanzarlas.

Es probable que usted haya escuchado la famosa frase que dice "Se recoge lo que se siembra"; en la arena del éxito esta frase tiene una sello particular de verdad. Lo que usted invierte tiene una correlación directa con lo que usted recibe a cambio. Uno hace que las cosas ocurran en la vida y uno es el que determina cuan probables son las posibilidades de alcanzar el éxito. Uno no puede traer a casa el trofeo si no va primero y hace su mejor esfuerzo.

## CAUSALIDAD

*La vida se parece a una trompeta. Si uno no introduce aire en
ella no puede esperar que se produzca ningún sonido.*
—W.C. Handy

La causalidad es el acto de traer algo a la existencia a través de
los esfuerzos propios. Es la aceptación y el reconocimiento de que
usted es el que causa su propia realidad. Lo que usted diga, haga
y piense afectará directamente los resultados que obtendrá.

La causalidad implica estar dispuesto a invertir todo su ser
en lo que se quiere a fin de hacerlo realidad. Implica que usted
esté dispuesto a encontrar la forma de hacer las cosas. Implica
estar dispuesto a invertir el tiempo y la energía necesarias para
producir su realidad anhelada. Lo opuesto a la causalidad es "no
hacer nada." Por supuesto, hay un espacio y un lugar para no
hacer nada, no obstante, cuando usted está enfocado en alcanzar
el éxito, la causalidad funciona mejor que "hacer nada." Si usted
quiere alcanzar el éxito, usted puede, por supuesto, esperar a que
el universo gire y se lo entregue. O usted puede confiar en usted
y *hacerlo* suceder.

Cuando estuve en la universidad, tuve una conversación
con Joe Nordstrom, el presidente de las tiendas Nordtrom. En la
charla, me contó la siguiente historia: El vendedor de un stand
de calcetines observó que el negocio estaba un poco lento. A pesar de que el almacén se llenaba de clientes, no había nadie que
comprara medias o calcetines.

De modo que una vendedora, cansada de estar sentada esperando que los clientes vinieran, decidió intentar un sistema
completamente diferente. Llenó una canasta con pantis y calcetines, y se fue a un edificio de oficinas cercano. Fue de oficina
en oficina y pronto terminó de vender todo lo que llevaba. Sus
colegas quedaron entusiasmadas y siguieron su ejemplo. Cada una

escogió un edificio de oficinas diferente, llevando sus mercancías a los agradecidos oficinistas. Vendieron canastadas de medias y pantis y disfrutaron de un gran día.

Yo felicité a Joe por su modelo administrativo y él contestó: "Animamos a nuestros empleados a salirse del cuadro y a probar maneras nuevas, divertidas e innovadoras de hacer el trabajo, en vez de simplemente sentarse a esperar a que los clientes vengan." Tanto Nordstrom como su compañía comprenden el valor de la causalidad. Como resultado, Nordstrom es una de las tiendas de departamentos más exitosa del país.

El éxito le ocurre no sólo a aquellos que lo persiguen sino también a aquellos que toman la iniciativa y lo hacen ocurrir. Aquellos que se animan a ir y batear la bola son aquellos que eventualmente se anotan resultados.

Si usted no batea la bola, ¿cómo puede esperar alguna vez batear un home run?

## ¿LE APUESTA USTED A LA SUERTE?

Todos sabemos la fantasía: Usted se propone emprender sus actividades del día cuando el timbre de la puerta suena. Usted abre la puerta y Ed McMahon está allí en el umbral con un cheque de un millón de dólares para usted.

¿Pudiera ser esto verdad? Es probable, si usted es la persona afortunada de cada billón de personas que se gana la lotería. Si así es, ¡muchísimas felicitaciones! Sin embargo, si no es así y su meta es llegar a tener esa suma de dinero en el banco, entonces tendrá que ir afuera y ganarla con sus propias manos, corazón, talento y cerebro.

Si usted le apunta a la suerte, a la buena fortuna o a que le llegue su turno, se ha ganado el premio gordo. Tal vez, de nuevo, no sea así. Sin embargo, si usted va por sus metas, de la forma tradicional, por medio de esfuerzo y trabajo, podrá salir adelante, aún si el logro tiende a rehuirle. Usted descubrirá que aprende lecciones valiosas acerca de sí mismo, adquiere conocimiento y perspicacia y hace un depósito en el banco de su autoestima.

La suerte puede batir su varita mágica; ocurre de vez en cuando. Pero mire a su alrededor: ¿Cuántas personas de las que usted considera exitosas están allí como resultado de la suerte? ¿Se construyó el imperio de Bill Gates sin invertir allí años de tiempo y energías? ¿Llegó a convertirse Bruce Springsteen en un personaje famoso como resultado de la buena suerte? ¿Se convirtió Barbara Walters en una periodista exitosa por la casualidad? Cierto, estar en el lugar apropiado en el momento apropiado ha jugado su papel en cada uno de estos casos. Pero hubo algo más implicado: El esfuerzo extraordinario.

Cal siempre tuvo una vida afortunada. Las cosas parecían funcionar para él. De hecho, había un dicho en la familia: "Todo siempre le funciona a Cal." En la secundaria se convertía en la estrella de cualquier equipo en el que jugara. Fue aceptado en la escuela de medicina que deseaba y le ofrecieron un internado codiciado al momento de graduarse. La vida era bastante suave para Cal.

Y así fue, hasta cuando descubrió que no quería ejercer la medicina sino más bien, seguir los deseos de su corazón y trabajar en la industria de los deportes. Así que, luego de conseguir suficientes ahorros para sostenerse por un tiempo, dejó su empleo. Empezó a hablar con personas en ámbitos relacionados con la industria deportiva para determinar lo que quería hacer, e informó a muchas personas acerca de lo que estaba buscando. Cal tenía confianza de que, como siempre, las cosas funcionarían para él.

El problema estuvo en que todo lo que Cal hizo fue "correr la voz." Él envió algunas hojas de vida aquí y allá, pero la mayoría de sus esfuerzos consistieron en que esperaba a que alguien lo llamara y le ofreciera un trabajo.

Después de estar buscando trabajo durante seis meses, Cal

vino a verme para intentar tener un nuevo enfoque. Yo le pregunté cuál había sido su primer plan de acción, y cuando él me dio la respuesta "hablar con diferentes personas," inmediatamente supe cuál era el problema. Compartí con él un proverbio chino que parecía oportuno: "Con solo hablar no se cocina el arroz."

Cal estaba esperando que pronto su buena racha de suerte acostumbrada hiciera su aparición. Cuando eso no ocurrió, se encontró a sí mismo, por primera vez en su vida, en una posición en la que tenía que asumir la plena responsabilidad de hacer que sucediera lo que él quería. De modo que trazamos un plan más agresivo y estratégico. Así fue como seis semanas más tarde, Cal encontró un trabajo en una compañía de mercadeo deportivo.

La suerte es una cosa maravillosa. Sin embargo, por su misma naturaleza, viene sin ninguna garantía. Si lo que usted desea es la completa realización de sus metas, puede *esperar* a que la suerte se aparezca, pero esa no es la mejor opción.

La suerte puede agotarse, y de hecho se agota. La suerte hace que las personas se mantengan a la expectativa de alguna medida extraordinaria de casualidad. No obstante, el establecer las propias metas y hacer que éstas ocurran, es lo que hace que la responsabilidad se transfiera a sus manos. Además, usted no tendrá que recostarse en su hombro indefinidamente, preguntándose si aún tendrá la suerte que alguna vez tuvo o preguntándose si ésta desaparecerá. Si usted no experimenta la fuerza de su propia causalidad, no sentirá su vehículo lo suficientemente estable y bajo su control.

## ACTÚE

*Un viaje de mil millas comienza con un solo paso.*

—Lao – Tzu

Las metas son simplemente una lista de buenos deseos e intenciones hasta el momento en que usted emprende la acción. Entre más intelectual y racional sea usted, más fácil será analizar la situación y evitar emprender la acción. Esto es lo que comúnmente se conoce como análisis paralizante, que consiste en pensar acerca de algo, analizarlo, entenderlo, investigarlo, considerarlo con familiares y amigos, y meditarlo. Y al final no hacer nada al respecto.

En un taller que he estado conduciendo por veinte años, titulado "El taller de la negociación interna", les enseño a los participantes a sintonizarse y escuchar sus "mensajes" intuitivos, los cuales provienen de su interior. Tales "mensajes" suministran imperativos internos respecto a lo que debe hacerse. Escuchar esos mensajes no es algo difícil, ya que la mayoría de las personas puede escuchar tales corazonadas o sentimientos, si están dispuestos a escuchar.

Por otra parte, actuar respecto a esos mensajes, usualmente envuelve un riesgo. De modo que esa última parte significa un mayor desafío. Como resultado, es fácil observar que la gente desea hacer tales mensajes o riesgos más racionales. Tratan de entrar a razonar con su guía interna. Intentan encontrar una manera de negociar una alternativa que implique menos acción y más análisis. Y si las personas son "pensadoras", intentarán manejar todo desde la cabeza, realizando planes, anticipando resultados, estableciendo planes de contingencia, intentando tener todo perfecto antes de emprender algo. No obstante, en cierto momento, descubren que ninguna medida de raciocinio hace que las cosas ocurran físicamente.

Al final, después de un día o dos es necesario dar un ultimátum. Los líderes suelen decir algo como lo siguiente: "Tu puedes o pensar en tu mensaje o realizarlo. Es algo tan simple como eso. Si usted ha estado pensando en su asunto interno por suficiente tiempo, tal vez ahora es el momento de hacer algo al respecto. Recuerde, si usted lo está pensando, no lo está haciendo."

Los "pensadores" se suelen reconocer a sí mismos, pero reconocerlo no hace que se lancen al agua fácilmente. De modo que allí es donde es necesario contar con algunos facilitadores que animen a los pensadores a hacer la transición del pensamiento a la acción. La función de los facilitadores es animar a los participantes y ayudarles a dar el primer paso, que siempre es el más difícil. Cuando hay una mano amiga que se extiende para darnos ayuda, arriesgarse a dar el primer paso se hace mucho más fácil.

Cuando uno hace la transición del pensamiento a la acción, es como si dibujara una línea en la arena diciéndose a sí mismo: "Cuando yo cruce esta línea, empezaré a actuar y dejaré de pensar." Y cuando cruza esa línea, sus moléculas empezarán a agitar al mundo a su alrededor. Así que para producir el éxito que desea, en cualquier área en particular en su vida, deberá poner en funcionamiento las ruedas de la acción.

Conocí a Cindy, cuyo "mensaje" interno le decía que debía convertirse en enfermera. Ella confesó que aquello era algo que le inquietaba por años, pero siempre había hecho a un lado ese sueño. Cada vez que ella se arriesgaba a imaginar que ese sueño podría hacerse realidad, se quedaba inmóvil. Con frecuencia, Cindy se visualizaba a sí misma trabajando en un hospital y proveyendo cuidado a los pacientes, pero en la realidad ella nunca hizo algo para que eso se hiciera realidad.

Lo primero que Cindy y yo hicimos fue erradicar los "Sí, pero...", es decir, erradicar todas las razones por las cuales ella pensaba que no podría llegar a ser enfermera y las circunstancias que parecían ser desfavorables. Después de poner todos los "Sí, pero..." sobre la mesa, Cindy los analizó y descubrió que ninguno de estos era insuperable. También se dio cuenta de que si se aferraba a esos pensamientos "negahólicos", se podía mantener segura en la etapa de análisis y nunca se sentiría impulsada a emprender la acción.

Cindy dibujó la línea en la arena. Descubrió que había estado en el modo de "pensar" por mucho tiempo y que si no hacía nada en ese preciso momento, probablemente nunca lo haría. De modo que hicimos una lista de 10 acciones que ella podía comprometerse con emprender para lograr su meta. Aquello incluía averiguar por las escuelas de enfermería locales e informarle a su jefe que ella estaba planeando hacer un gran cambio en su vida en el futuro cercano.

A veces todo lo que se requiere es un poco de estímulo para que la gente despierte su sueño. Todo lo que se requiere es un poco de colaboración en el entrenamiento para diseñar un plan de acción. No obstante, cuando se trata de la implementación es algo que se debe dejar completamente en las manos del individuo. Nadie puede mover los pies hacia delante sino solo usted.

Emprender la acción es lo que diferencia a los jugadores y a los espectadores en el terreno deportivo. Sin acción, usted no está en el juego. Usted simplemente es un observador esperando empezar. La diferencia entre ser un espectador y un participante inicia con un simple paso: la acción.

## ENFRENTE LA PREGUNTA "CÓMO"

Cuando se trata de dirigirse de un lugar a otro, la pregunta que escucho con más frecuencia es: "Yo quiero, pero ¿cómo lo hago?"

Mi respuesta inmediata es contundente: No se enfoque en el "cómo," concéntrese en el *qué*. El "cómo" se introduce en la cabeza intentando descifrar el misterio de la acción. El "qué" lo impulsa a dar los pasos de acción que se pueden emprender. El "cómo" es intangible y evasivo. El "qué" lo conduce a dar los pasos concretos y específicos que puede dar para transformar su meta en realidad.

Considérelo de la siguiente manera: Si yo le preguntase a usted cómo es que respira, ¿qué contestaría? Es probable que usted se detenga por un momento, piense y se concentre en su nariz, sus pulmones, y que estudie la inhalación y la exhalación del aire. Quizás observaría el proceso e intentaría encontrar las palabras apropiadas para describir el proceso que está experimentando. O tal vez buscaría un libro de anatomía que explicara el proceso. La mayoría de las personas enfrentan dificultades articulando "cómo" es que hacen algo, y esto se debe a que el "cómo" requiere análisis. Sin embargo, entender "cómo" es que un ser humano respira no es necesario para respirar. El hacer las cosas no requiere de entender nada. Así que, a fin de realizar lo que necesita, lo único que se debe saber es "qué" es lo que se requiere realizar.

Imagine que yo le preguntara no "cómo" sino "qué" es lo que usted hace cuando respira. Usted diría que aspira aire a través de sus fosas nasales hasta el momento en que siente que tiene suficiente aire en los pulmones y entonces exhala el aire, y que luego se vuelve a repetir ese proceso. El "qué" conduce directamente a los pasos que se dan para llevar a cabo un proceso. El "qué" impide que uno entre al misterioso reino de lo desconocido.

La mayoría de las cosas que uno hace todos los días, las hace sin el conocimiento pleno de cómo es que suceden. ¿Cómo es que es posible hablar por teléfono? ¿Cómo es que vuela un jet? ¿Cómo se cocina con un microondas? A fin de participar en actividades relacionadas con lo mencionado uno no necesita entender "cómo" es que funcionan. Más bien, lo que uno necesita es saber los pasos que se requieren para realizar la tarea. Por supuesto, existe un valor en explorar el "cómo" de nuestro universo; no obstante, cuando usted esté intentando producir resultados en su vida, tal exploración es más bien un obstáculo que una necesidad.

Si usted está listo para emprender la acción no se paralice con el "cómo." Concentre su atención de inmediato en el "qué." En otras palabras, supere la pregunta filosófica y vaya directo al proceso de la acción.

## PROYECTE LOS PASOS

Imagine que su tarea fuera leer el libro "La guerra y la paz" Este es un libro excepcionalmente extenso y la idea de leerlo puede parecer titánica. Leer 1.456 páginas puede parecer abrumador. Sin embargo, si usted comienza con una página, solo una, ya habrá comenzado el proceso. Usted no necesitará leer el libro completo en un solo día. Leer una página al día completará el trabajo.

Los siguientes pasos le ayudarán a diseñar un plan de acción respecto a las metas que quiera alcanzar. Le mostrarán como subdividir su meta en tareas realizables, cada una de las cuales lo llevarán a estar un paso más cerca al éxito.

1. Haga una lista de todas las cosas posibles que usted puede realizar para adelantar su proyecto. Incluya todos los pasos, desde los más pequeños hasta los monumentales. Escribirlos todos no significa necesariamente que tenga que ejecutarlos. Así que ánimo y escriba todo lo que pueda imaginar que alguien con una meta como la suya necesitaría hacer para alcanzarla.

2. Destaque una acción que le parezca especialmente atractiva. Si ninguna le parece atractiva, escoja una que sea fácil de hacer, quizás la menos intimidante. Puede ser la más pequeña o la más simple. Al comenzar con metas pequeñas y cumplirlas verá cómo se fortalece su sentido de logro. Sin importar cuán pequeña sea la tarea es muy importante sentir que el proceso sigue avanzando hacia delante.

Comenzar con pasos pequeños no significa que no pueda manejar algo más difícil, más bien, tiene el objetivo de aumentar la autoconfianza al poder ver resultados inmediatos. La autoconfianza se construye a partir de muchos pequeños momentos positivos. Fije su norma o tarea a un nivel razonable de comodidad, de modo que pueda disfrutar el despliegue de sus habilidades. Por ello, es bueno iniciar pensando: "yo puedo." Cuando consiga progresos podrá agregar sus resultados a la lista de logros.

3. A continuación ejecute el paso que haya seleccionado.

4. Celebre el hecho de que ha realizado algo para poner su proceso en acción. Tal vez sea algo tan sencillo como hacer una pausa y mentalmente darse unas palmaditas de felicitación en la espalda. No de por sentado el paso tan importante que ha dado.

5. Siga adelante. Ejecute otro paso y después otro. Cada logro produce nuevas energías. Entre más entusiasmo genere, más pronto avanzará. Cada vez que experimente energías renovadas por causa del éxito alcanzado utilice esas energías para motivarse a superar el próximo desafío. El éxito genera motivación. Usted necesitará experimentar el éxito en algo, aún en cosas pequeñas, a fin de sentirse motivado para continuar adelante y proseguir con los siguientes elementos de la lista.

Cuando enfrente un problema, necesitará regresar al momento justo antes del problema. Pregúntese qué fue aquello que condujo al problema. ¿Qué causó la dificultad? Entonces enfréntela y haga una de dos cosas: Corrija el problema intentándolo de nuevo, o vaya un paso atrás e intente algo más fácil. Tal vez, este no sea el mejor momento para abordar ese paso específico.

Por ejemplo, Bruce deseaba abrir una tienda de quesos gourmet. Empezó a proyectar su plan de acción redactando la siguiente lista de las actividades que necesitaba realizar a fin de iniciar su proyecto:

• Averiguar cuáles eran las mejores tiendas de quesos en el país.

• Comprar libros sobre cómo empezar negocios pequeños.

• Hacer contactos con distribuidores de quesos para evaluar con cuáles de ellos haría negocios.

• Leer la sección inmobiliaria de los periódicos para hacerse una idea de lo que costaría alquilar un local bien ubicado.

- Escribir un plan de negocios.
- Ir al banco y solicitar un préstamo para negocios pequeños.

Puesto que el primer elemento de la lista parecía ser el más atractivo y el menos intimidante, Bruce empezó por ahí. Después de transcurrido un mes había reunido suficiente información y sentía que había adquirido buen conocimiento de la competencia. Las ruedas estaban en movimiento y él se sentía inspirado para continuar.

A continuación fue y compró un buen paquete de libros con temas que variaban desde incrementar el capital hasta el asunto de los seguros. Bruce leyó todos esos libros y su conocimiento de base aumentó. Ahora Bruce no sólo entendía mejor lo que implicaba competir en el negocio sino también lo que implicaba iniciar su tienda de quesos.

Así fue como Bruce se sintió lo suficientemente listo para empezar a diseñar su plan de negocios. A medida que avanzaba, viejos ecos de duda empezaron a retumbar en su mente una vez más. Sintió que su confianza se estaba debilitando. Al enfrentar el problema, Bruce descubrió qué era lo que no iba bien. Se dio cuenta de que había saltado al tema de las finanzas antes de tener suficiente idea de cuánto dinero necesitaría para empezar su negocio. Escribir un plan de negocios en ese momento era calcular sobre lo abstracto y eso le impedía seguir adelante.

Entonces Bruce introdujo un cambio en su curso y escogió dar otro paso que le permitiera mantener viva su energía positiva. Empezó a averiguar por oportunidades inmobiliarias en la ciudad. Tras descubrir que necesitaba tener menos capital del que había imaginado, retomó su plan de negocios.

Y así fueron ocurriendo las cosas, hasta el momento en que Bruce recibió la aprobación del préstamo para un negocio pequeño. Bruce abrió su negocio un año después y ve toda su experiencia como una gran lección de causalidad.

Todo lo que se requiere es aventurarse y emprender la acción paso a paso. Si usted continúa avanzando, dando los pasos que pueda dar, poniendo un pie enfrente del otro, con el tiempo, llegará a su destino.

## LO QUE IMPLICA

*La vida engendra vida. La energía produce energía.*
*Es desgastándose a uno mismo como se llega a ser rico.*
—Sarah Bernhardt

¿Qué se necesita para alcanzar el éxito? ¿Existe alguna forma por medio de la cual se pueda garantizar el éxito?

La respuesta a la segunda pregunta por supuesto es "No." Si así fuera, todo el mundo podría aplicar la fórmula para realizar todos sus sueños.

Respecto a la primera pregunta: "¿Qué se necesita para alcanzar el éxito?", ésta no tiene una respuesta absoluta. No obstante, existen ciertas conductas que definitivamente pueden conducir al éxito. A través de los años he asesorado a muchos individuos y compañías para alcanzar el umbral del éxito. Las personas que lo obtienen, comparten tres características en común: diligencia, enfoque en la calidad del esfuerzo, no simplemente en la cantidad y la disposición de dar su cien por ciento.

## DILIGENCIA

Diligencia significa aplicarse a hacer lo que se está haciendo. Significa dedicar el tiempo y las energías para el trabajo que sea necesario. En otras palabras, significa recogerse las mangas y ocuparse del asunto.

La diligencia implica hacer lo que se tiene que hacer sin postergación, sin excusarse y sin buscar atajos. Las personas diligentes se concentran en la tarea que hay que terminar. Del grado de atención y dedicación que usted dé a sus esfuerzos dependerán los resultados que obtenga en retribución.

Por ejemplo, si usted deseara irse de vacaciones, la diligencia implicaría averiguar por los tiquetes de avión, los hoteles y el alquiler de automóviles. Después de la investigación, usted necesitaría hacer las reservas, empacar maletas y dirigirse al aeropuerto con su tiquete a la hora apropiada para tomar el vuelo. Si usted no diese alguno de estos pasos perdería sus vacaciones y se tendría que resignar a acampar en la playa a donde usted llegara.

En la vida, las metas requieren estrategias, visualización, intentar diferentes enfoques, revaluar y perseverar. Algunas metas exigen bastante de uno mismo. Otras un poco menos. Pero sin importar lo que ello implique, el desafío es dar la talla y rendir.

## CALIDAD

Donde quiera que miremos, en el mundo actual estamos inundados de publicidad, anunciando diversos productos y servicios, desde alquiler de automóviles, hasta crema dental. Cada anuncio intenta, de diversos modos, persuadirnos para que compremos el producto. Entre las estrategias están lemas, canciones y celebridades sonrientes, todas estas orientadas a comunicar la idea de que el producto o el servicio que se ofrece es superior a todos los demás. Y mientras el cúmulo de publicidad se vuelve abrumador, el mensaje subyacente es muy útil para nosotros: La calidad cuenta.

Y cuenta también en términos de esfuerzo. Hay una diferencia entre las horas laborales y las horas productivas, así como también existe un diferencia entre trabajar duro y trabajar bien. La primera forma de trabajar implica hacer girar el molino, la segunda esforzarse por la excelencia.

Cuando uno se esfuerza por la calidad el universo responde en especie y devuelve ese mismo nivel de compromiso para con usted. Cuando uno se ahorra unos centavos y sacrifica la calidad del producto, del servicio o del esfuerzo, los resultados no se harán esperar.

Beth producía galletas para ganarse la vida. Ella era una pastelera fantástica y muchos de los principales restaurantes de la ciudad le hacían pedidos de galletas regularmente. Cuando alguien le preguntaba cuál era el secreto de su éxito, no sorprendía su respuesta:

"Yo no me ahorro centavos en ninguna parte. Sólo utilizo los ingredientes más frescos y de mejor calidad. Yo le pago a la persona que hace las entregas un dólar de más para asegurarme que los pedidos lleguen a tiempo, si no antes. Nunca envío un paquete de galletas a menos que esté totalmente segura de que ofrecen la mejor calidad."

Yo le pregunté a Beth sobre su ética laboral y no sorprende que haya contestado que ella aplicaba las mismas normas éticas personales que regían en su vida, a la producción de las galletas.

De modo que preste mucha atención a la calidad de sus esfuerzos. Los esfuerzos a medias producen resultados mediocres. Los esfuerzos excelentes, sin embargo, producen resultados impresionantes.

## DÉ SU CIEN POR CIENTO

El ejercito de los Estados Unidos ha tenido durante muchos años el eslogan: "Sea todo lo que puede ser." Este eslogan, aunque simple, es muy motivador porque es una invitación a desarrollar todo el potencial. Si usted da el cien por ciento de sí mismo a sus esfuerzos nunca tendrá que mirar atrás con remordimientos. Después de todo, si usted da todo de sí, no existirá nada más que se haya podido haber hecho.

Dar el cien por ciento significa andar la milla extra cuando se necesita. Implica ser recursivo cuando es necesario, aprender todo lo que se necesite para lograr alcanzar los resultados esperados. Significa hacer seguimiento, realizar el procedimiento completamente y llevar el proceso hasta su feliz culminación. Cuando uno da su cien por ciento, utiliza todos sus talentos, sus facultades mentales, sus esfuerzos y su pasión para hacer que el éxito se convierta en realidad.

Jonathan deseaba obtener un ascenso en su lugar de empleo. En un futuro cercano iba a quedar disponible un puesto de trabajo en el cual él tenía sus ojos puestos. De modo que diseñó un plan de acción estratégico para conseguir ese trabajo. Empezó por escribir un memorando a su jefe explicando por qué quería obtener la posición. En este también explicó por qué consideraba que era la persona más idónea para asumir el puesto. Incluso no solo incluyó las razones por las que estaba mejor calificado sino también por qué sentía que merecía el puesto.

Jonathan no se detuvo allí. Contactó a la persona que había tenido antes el puesto (quien se había ido a trabajar en otra empresa) y la entrevistó respecto a los pros y los contras del trabajo. Cuando supo que parte de su función principal consistía en dirigir reuniones, solicitó dirigir la reunión de departamento la próxima vez que se programara. Esto lo hizo para demostrar a la gerencia que estaba preparado para asumir el desafío.

Después de escribir el memo a su jefe inmediato, escribió un memo a la junta directiva explicando algunas iniciativas que a él le gustaría implementar si se le diera la oportunidad. No sorprende que a Jonathan le dieran el puesto.

Usted sabe cuándo está dando su cien por ciento. Lo puede sentir en cada fibra de su ser. Cuando usted está completamente alineado con su meta y hace lo que sea necesario para hacerla realidad usted se convierte en una herramienta poderosa para alcanzarla.

El éxito es como un espejo. Refleja exactamente lo que se pone frente a él. Lo que usted encarna y representa es lo que se reflejará en resultados tangibles. Lo que usted se esfuerce por alcanzar es lo que reflejará el espejo.

Lo que usted haga y la forma como lo haga determinará el alcance de su éxito. Si usted verdaderamente quiere alcanzar el éxito, considere cuánto tiempo, esfuerzo y energía implicará lograrlo. El esfuerzo valdrá la pena, por los resultados que alcance.

# SEXTA REGLA

---

*Usted dispondrá de*
*suficientes oportunidades*

---

Habrá momentos en la vida en los que se le presentarán
nuevas oportunidades. Lo que usted escoja en esos momentos
dependerá de usted.

Una oportunidad es un momento en el tiempo donde se presenta una posibilidad que antes no se había dado. Es un momento de elección donde se presentan nuevas opciones. Es el punto de intersección entre el lugar donde usted está y un nuevo camino. El camino que escoja, dependerá de usted.

En los momentos en que surge una nueva oportunidad usted debe enfrentar una decisión: puede permanecer en el camino donde ha estado y continuar la ruta que lleva, o puede hacer un cambio e intentar un nuevo camino y ver a dónde lo lleva éste. Tenga en cuenta que nadie sabe exactamente qué traerá cada camino. Ninguno de ellos es mejor que el otro. Cada uno representa su propio valor, sea en la forma de logros o de lecciones. El desafío que usted enfrenta es sopesar cada opción, tomar una decisión y continuar su camino en la ruta escogida.

Imagine que está andando por el camino de la vida, fijando su curso, yendo hacia delante concentrado en su destino. De repente, ve una intersección que llama su atención. Se ve atractiva, como un desvío agradable, con posibilidades de aventura, nuevos paisajes, emoción y posibles negocios. ¿Qué hace en esa situación? ¿Se sale de la ruta que traía? ¿Despide de su mente esa posibilidad y permanece en su ruta? ¿Disminuye la velocidad y mira hasta donde su vista alcanza para considerar la idea? ¿Se llena de pánico por indecisión, acciona los frenos y provoca un trancón detrás suyo?

Cada intersección atractiva es una oportunidad. Tales intersecciones en el camino de la vida no son necesariamente oportunidades que se deban tomar, no obstante, son oportunidades. El asunto aquí es que algo nuevo ha entrado en el escenario.

Todo el mundo conoce personas que cuentan historias sobre oportunidades perdidas. Está quien no compró acciones de Microsoft a principios de los años 80 porque aquello parecía demasiado riesgoso; también está la persona que rechazó una oferta para participar en un exitoso show de Broadway porque pensaba que iba a fracasar; y también está el que no invirtió en internet porque pensó que nunca iba a ser exitoso.

También están los que se aventuraron en oportunidades brillantes sólo para descubrir más tarde que no lo eran. Está aquel que invirtió muchísimo dinero en lo que iba a ser la gran galería comercial portuaria y que lo perdió todo cuando el constructor se fugó con su dinero; el piloto de aerolínea que renunció a su trabajo para convertirse en instructor privado y que descubrió que no tenía ninguna vocación para la docencia, y el diseñador gráfico que aceptó un trabajo de altísimo perfil sólo para sacrificar un gran costo en su vida privada.

¿Estas personas podrían haber tomado decisiones diferentes? Quizás, teniendo en cuenta la perspectiva actual. Pero no existe una fórmula mágica para asegurar que uno tome únicamente las oportunidades que valgan la pena. Lo mejor que se puede hacer es reunir la información, aprender de decisiones anteriores, confiar en su conocimiento e intuición y tomar la próxima decisión.

## RECONOZCA LAS OPORTUNIDADES

*... de las nubes, del suelo, de un pedazo de papel, de un animal, de una telaraña... Debemos extractar lo que nos es útil de cualquier cosa que tengamos a nuestro paso.*

—Pablo Picasso

Existen dos clases de oportunidades en la vida: las abiertamente obvias y las ocultas. Las obvias son cosas como un ascenso en el trabajo, la oferta de un nuevo y excitante empleo, la propuesta de matrimonio de la persona que se ama, o la oferta de un apartamento en la ciudad en la que usted siempre ha deseado vivir. Estas son oportunidades obvias que usted no se puede perder porque son claras y fulguran con luces de neón.

Por ejemplo, Michelle había tenido durante tres años una relación de larga distancia con el hombre que ella amaba. Ella vivía en Florida y él en Ohio. Para los dos era imposible trasladarse de lugar debido a sus respectivos trabajos. Cuando la compañía de Michelle le ofreció un traslado a Cleveland en broma le pregunté si ella iba a aceptar la oferta.

"¿Estás loca?", exclamó. "¡Este es el milagro que había estado esperando!" Para Michelle esta era una de esas oportunidades que fulguraba con luces de neón y estaba resuelta a no dejarla pasar.

El segundo tipo de oportunidad no es tan obvia y requiere buscar un poco por debajo de la superficie. Son las que uno necesita excavar un poco para encontrarlas. Por ejemplo, cuando la compañía para la que uno trabaja se fusiona con otra y surgen nuevos puestos de trabajo. O tal vez usted escucha por casualidad que una empresa, cuyo objeto social es de su interés, va a instalar una sucursal cerca a su casa. Quizás alguien le cuente de una oferta pública en la que usted puede entrar a participar. Tales oportunidades exigen un poco más de exploración y profundización. Son aquellas oportunidades que cuando usted las oye, dice: "Mmm, quizás."

El universo se halla en constante cambio. El cambio es una constante. Los cambios pueden ocurrir en su vida privada o en el diseño de su periódico favorito. Cada cambio que ocurre a su alrededor representa una nueva oportunidad. Con frecuencia está oculta bajo la superficie, pero si usted está dispuesto, puede desenterrarla.

Dave trabajaba como editor en una revista de reportajes. A él le gustaba lo que hacía, pero deseaba tener más tiempo para dedicarse a su pasión que era escribir. Una tarde su jefe lo llamó a su oficina y le entregó una historia acerca del caso de un crimen con ciertos giros y pistas interesantes y le pidió que investigara al respecto. Dave se llevó la historia a su escritorio e inmediatamente se absorbió en el tema. A medida que trabajaba en la historia empezó a tener una percepción de que ésta era la puerta para una oportunidad para él.

Dave no pegó una pestaña aquella noche. Daba vueltas y vueltas en su cama a medida que ordenaba sus pensamientos. En la mañana, cuando cepillaba sus dientes, el mensaje vino a él resonante y claro. Pensó en contactar a las personas involucradas en la historia para escribir un libro al respecto. Era una historia increíble y él sabía que podía hacer un trabajo excepcional con el libro. Sabía que tenía el talento para hacerlo, ya que estaba familiarizado con libros policiacos y también sabía que ese trabajo podía ser comercialmente rentable.

El siguiente día Dave fue a su jefe y le contó sus planes. Su jefe apoyó la decisión aunque aquello implicaba que Dave tuviera un permiso no remunerado para ausentarse durante tres meses del trabajo. Antes de terminar ese tiempo, Dave encontró una editorial que publicaría el libro, y ahora, él dedica todo su tiempo a lo que más disfruta hacer: escribir.

Esta es una de esas oportunidades que no vienen servidas en bandeja de plata. Nadie le dijo a Dave: "¿Le gustaría escribir un libro sobre esta historia?" Tampoco nadie sacó un letrero que dijera: "Debes escribir un libro sobre esto." Se requirió que Dave estuviera dispuesto a cavar bajo la superficie de los eventos diarios para encontrar una oportunidad allí.

## ABRA SUS OJOS

Si sus ojos y oídos están abiertos verá ventanas de oportunidad a su alrededor. La clave para notar las oportunidades consiste en tener la antena bien sintonizada y estar presto a detectarlas. Cuando usted invite a las oportunidades a que entren en su vida, el universo cooperará y presentará varias opciones ante usted. Si no las puede visualizar es porque usted tiene bloqueada su visión periférica o está demasiado enfocado en lo que está frente a usted, de modo que deja de ver cosas relevantes.

Necesitará estar despierto para ver las oportunidades que están ahí, esperando por usted. También las puede ignorar o pasarlas por alto, pero de una manera u otra, están ahí disponibles. Puede ser que las oportunidades no tengan la apariencia que esperaba y que no sean exactamente como las estaba esperando, pero como las moléculas de oxígeno, *todavía están ahí*.

Pruebe el siguiente ejercicio: Haga una lista de oportunidades que tuvo el día anterior. No deje nada por fuera, incluya la oportunidad de probar el exótico sushi por primera vez, de ir a cine con su cónyuge, o tomar una clase de boxeo en su gimnasio, llevar a casa un perro extraviado, o comprar acciones de cierta compañía. Probablemente le sorprenda ver cuántas oportunidades surgen cada día, sin siquiera darse cuenta de ello.

Ahora, dedique los próximos cinco días a observar las oportunidades que se presentan a su paso. Uno de esos días, lleve consigo una libreta y apunte todas esas oportunidades que surjan, que pueden expandir sus horizontes o de las cuales puede aprender algo nuevo. Esto no significa que deba hacer uso de toda nueva oportunidad. El ejercicio tiene únicamente finalidades de sensibilización, de modo que usted pueda sintonizarse con todas las posibilidades que le rodean.

## CADA OPORTUNIDAD PRESENTA UNA OPCIÓN

*Algunas cosas ocurren de forma misteriosa,*
*a su propia manera y no a la nuestra,*
*y deben ser aprovechadas o desechadas para siempre.*

—Gail Godwin

En el momento en que una oportunidad se presenta, usted entra inmediatamente en un proceso de valoración. ¿Debería yo...? ¿Pudiera yo...? ¿Deseo esto? ¿Me atrevería yo a...? ¿Qué hay si...?... Todas estas preguntas empiezan a rondar la mente. Así que uno entra en un dialogo interno, un proceso de evaluación, para determinar el curso de acción correcto.

### EL PROCESO DE EVALUACIÓN

El proceso de evaluación ocurre en tres lugares: su cabeza, su corazón y sus intestinos. Cuando estas tres zonas hayan procesado completamente toda la información y luego hayan fusionado los resultados entre las tres, entonces usted tendrá una decisión.

Aunque usted probablemente haya reaccionado inicialmente desde su lado emocional o desde su lado racional, es bueno siempre considerar todos los factores implicados, de modo que uno pueda tomar una decisión bien sopesada. Tomar una decisión intelectual deja por fuera a los sentimientos. Reaccionar de forma emocional no involucra el factor racional. Es sólo hasta cuando uno toma en consideración sus pensamientos, sentimientos, expectativas, temores, preocupaciones e ideales que puede valorar una oportunidad completamente y determinar si es apropiada o no. El trabajo de su mente es proporcionarle retroalimentación respecto a toda la información que ha acumulado sobre un asunto específico. La mente analizará de forma racional si esta oportunidad es una buena opción en su caso. Sea lo más objetivo y honesto que pueda. Tenga en cuenta que la mente no tiene la última palabra.

Si usted experimenta dificultades para tomar decisiones sobre las nuevas alternativas, puede que resulte útil hacer una lista de todas las percepciones que surjan en su interior; tal vez ello ayude a establecer prioridades. Cuando escriba, sencillamente deje que la mente exprese todo lo que tenga que decir. Es posible que una lista de pros y contras ayude. Como guía, intente incluir lo siguiente:

- Las siguientes personas están involucradas si tomo esta decisión:
- A estas personas les agradará que yo rechace esta oportunidad:
- Esta oportunidad afectará mis finanzas de las siguientes maneras:
- Esta oportunidad afectará mi condición mental de las siguientes maneras:
- Esta oportunidad afectará mis emociones de las siguientes maneras:
- Esta oportunidad afectará mi salud de las siguientes maneras:
- Esta oportunidad afectará mi carrera de las siguientes maneras:

- Esta oportunidad afectará mis relaciones interpersonales de las siguientes maneras:
- Los beneficios de tomar esta oportunidad podrían ser:
- Los riesgos de tomar esta oportunidad podrían ser:
- En el peor de los casos las circunstancias se tornarían de la siguiente manera:
- En el mejor de los casos las circunstancias se tornarían de la siguiente manera:

El propósito de este ejercicio es plasmar sus pensamientos sobre el papel donde pueden ser examinados uno por uno. Los pensamientos, atrapados dentro de la mente, pueden crear un prisma mental o cuarto de espejos donde todo se ve distorsionado, más grande, caricaturizado y al revés, contrario a la realidad.

El siguiente paso es explorar sus emociones. Después de la reacción inicial, obtenga una lectura exacta de cómo se siente respecto a esta oportunidad. Visualícese en la nueva situación y vea qué sentimientos evoca la imagen. ¿Se siente energizado, agotado, abrumado, entusiasmado, ridículo o poderoso?

También preste atención a sus reacciones físicas. ¿Se detiene su aliento cuando piensa al respecto? ¿Se recogen sus hombros hacia arriba cuando usted se visualiza en la nueva realidad? ¿Siente mariposas en el estómago o una sensación palpitante en sus sienes? ¿Le hace sentirse más liviano, casi flotando? ¿Siente usted el peso de una responsabilidad o una carga abrumadora? Todas estas son pistas de cómo se siente realmente.

De nuevo, escriba todas estas observaciones sobre el papel. Esto, por supuesto, no despejará su mente de las emociones, no obstante, le permitirá proseguir hacia delante y dar el paso siguiente. Si usted se encuentra atrapado en las emociones de la situación, su habilidad para tomar una decisión clara se verá obstruida.

Una vez que haya completado los primeros dos pasos, usted podrá poner a un lado sus procesos mentales y emocionales y escuchar su yo interior. Usted podrá acceder a su yo interior únicamente cuando se encuentre calmado, tranquilo y centrado en sí mismo. Su interior es esa identidad personal que puede decir "Sí" o "No." Ni la lógica ni las emociones lo controlan. Es transparente, verás y absoluto. En mi "Taller de Negociación Interna", denominamos a este nivel de respuesta interior el "mensaje." Es semejante a esos momentos cuando uno mira en retrospectiva y se da cuenta que su intuición estaba en lo correcto. De repente usted se da cuenta que en el momento debido sabía exactamente lo que tenía que hacer y, por alguna extraña razón, no confío en usted. Y puesto que no confió en usted, no emprendió ninguna acción. Por consiguiente, ahora ve el asunto como una oportunidad que se perdió. Tal vez usted diga: "Lo sabía, lo supe en su momento, ¿por qué no hice lo que sabía que debía hacer?"

La razón por la cual usted no escuchó a su ser interior es porque de alguna manera le sonó irrazonable a su mente, o porque implicaba asumir un riesgo. Esto es precisamente lo que hace que la gente se ponga en el modo "Yo no sé."

### ¿Qué pasa si la respuesta es "Yo no sé"?

Es probable que a usted no le guste la respuesta que resulte. Con frecuencia eso es lo que hace que la gente se incline por la respuesta "Yo no sé." Si a usted no le gusta la respuesta que resulte, es posible que termine descartándola sin siquiera darse cuenta de ello, estando en un falso estado de incertidumbre.

Si la respuesta que surge es "Yo no sé," recuerde que esa respuesta es intentar jugar del lado seguro. Es la respuesta que asegura que usted no tendrá que enfrentar los temores subyacentes. El aturdimiento que produce el "yo no sé" puede ser frustrante porque significa que lo más probable es que al final no haga nada. Usted estará paralizado, y por lo tanto, no podrá actuar.

La respuesta "Yo no sé" resulta nefasta. No existe a dónde escapar cuando se produce. A fin de desbloquearse, uno necesita regresar al punto anterior del conocimiento interior. Podrá disipar la neblina de la incertidumbre cuando esté dispuesto a escuchar su voz interna, sin importar cuán incómoda o abrumadora sea.

¿Cómo se hace esto?

Se hace cuando uno restituye la confianza en sí mismo, cuando revisa la fuente de su propia duda, abre sus canales intuitivos y permite que la elección correcta brote desde el interior. Vuelva de nuevo a ese lugar dentro de sí que sabe que usted puede hacer lo que sea, el lugar que cree en sus habilidades y que confía en sus instintos. Cuando uno asume su posición desde ese lugar los "Yo no sé," se desvanecen.

El niño que mora en usted lo sabe. Es el adulto cuadriculado el que queda atrapado en la red pegajosa de la duda, el temor, la vacilación y la incertidumbre. Cierto día soleado estaba con mi amiga Donna cuando pasamos frente a un camión de helados. Volteé y le pregunté si ella quería uno. De inmediato la incertidumbre tomó el control y dijo: "Seguro, bueno, en verdad no. Quiero decir... umm..."

Yo me reí porque ella se veía como una chiquilla mientras luchaba con la decisión si debería aceptar o no la invitación. Yo golpeé suavemente con mi mano sobre su cabeza y le pregunté: "¿Qué está pasando ahí dentro?"

Ella dijo: "Bueno, hace calor, y me encantaría un helado. Sólo que el helado engorda. Y necesito estar en forma para ponerme ese vestido negro el próximo fin de semana. Pero, por otro lado, un poco de alegría no me vendría mal."

Evidentemente Donna estaba atrapada en el "Yo no sé." De modo que yo hice exactamente lo que hago cuando un cliente está en la misma situación. Abordé esa negación y dije: "Si tú supieras lo que quieres, ¿qué sería eso?"

Ella exclamó lo siguiente mientras marchaba hacia el camión de helados y entregaba al hombre el dinero: "Yo compraría un helado de vainilla con chispitas de colores."

A veces uno necesita, por un momento, anular la parte adulta para poder acceder al lugar central de la toma de decisiones. Recuerde, los niños siempre saben lo que quieren. Hable con el niño que hay en usted y encontrará la respuesta.

Por supuesto, existirán consideraciones de adulto que deberán tenerse en cuenta cuando sepa lo que hay en su interior, pero podrá sortearlas cuando sepa exactamente lo que quiere. Cuando uno se queda atrapado en los factores antes de ir a la fuente es difícil neutralizar la incertidumbre y operar desde el lugar que sabe expresar con decisión "Yo sé."

## Soluciones creativas

A veces las respuestas no son blancas o negras, sí o no, aquí o allá. A veces las respuestas se dan en la gama de los grises, lo que exige que uno proponga una solución creativa.

Considere, por ejemplo, la historia de Miranda. Ella vino a visitarme en un estado cercano a la agonía. Había estado luchando entre permanecer como la madre que está en el hogar o aceptar el empleo que le habían ofrecido.

Yo le pregunté cómo se sentía respecto al trabajo y ella contestó: "Entusiasmada." Entonces le pregunté por sus preocupaciones y esto fue lo que me dijo: "Me encanta ser madre. Me encanta saber que puedo hacer la diferencia en la vida de una persona. Para mí es importante ver los efectos directos de mi cuidado y atención. Si yo acepto este trabajo, temo que defraude a mi hija y que termine absorbida en el mundo empresarial, es decir, las fechas límite, los procedimientos, el estrés, la lucha entre el sentido del compromiso y sentirme culpable de que no puedo conseguir el equilibrio entre el trabajo y el hogar."

Yo le pregunté a Miranda qué era exactamente lo que quería. Ella contestó: "Ése es el problema, no lo sé. Ambas opciones lucen llamativas pero a la vez abrumadoras. No sé si pueda llevar bien la responsabilidad en ambos sitios, y tampoco estoy segura si quiero dejar a mi hija en el jardín infantil todos los días."

Entonces hice la pregunta clave que conduce a las soluciones creativas: ¿Qué implicaría hacer todo este trabajo? ¿Cómo afrontaría este asunto si estuviera totalmente a cargo? Esta pregunta abre la posibilidad de que usted puede tener todo lo que necesita si está dispuesto a crearlo; y siempre existe una manera de hacerlo.

La respuesta de Miranda resultó muy interesante. "Yo trabajaría medio tiempo en la empresa y medio tiempo estaría en la casa. Tendría un horario flexible y fijaría límites que respetaría. Así podría ser una madre que pasa parte del tiempo en su hogar, buscaría la ayuda de otra persona y podría mantenerme frente al flujo de trabajo en la oficina sin que éste consumiera toda mi vida."

Yo me volví para mirar su expresión lúcida y comenté: "Para mí es totalmente claro que tú no has definido cuál de las dos opciones tomar."

Ella me miró atónita y para su propia claridad dijo: "Supongo que yo tampoco lo sé, pero quizás el asunto es que yo no creo que eso sea posible. Yo no sé si algún jefe en alguna empresa estaría de acuerdo con mis condiciones." Enseguida yo le dejé claro que saber lo que uno quiere es el primer paso del proceso; creer que es posible constituye el segundo, hacerlo realidad el tercero y así sucesivamente.

Miranda es un claro ejemplo de alguien que tiene un nudo de espagueti enredado en su mente. Imagínese un recipiente lleno de espagueti con los fideos enredados. Cada fideo representa un pensamiento, una preocupación, una reserva, un sentimiento, un temor o una consideración. Y todos ellos enredados.

Sólo hasta el momento en que le hice a Miranda algunas preguntas bondadosas ella empezó a ver los hilos que separaban los asuntos individuales. Este proceso que yo hago y enseño sirve como catalizador y ayuda a obtener claridad mental. En poco tiempo Miranda pasó de tener la actitud "Yo no sé lo que quiero" a "Yo sé exactamente lo que quiero." Y cuando ella alcanzó este momento, ella todavía no había manifestado su deseo, pero había completado el primer paso del proceso exitosamente.

El proceso de cambiar del estado "Yo no sé qué es lo que quiero" a "Tengo todo lo que había soñado" consiste en cinco pasos:

**Primer paso**: "Yo no sé lo que quiero, no puedo serlo, no puedo hacerlo, no puedo tenerlo."

**Segundo paso**: "Yo sé lo que quiero, pero no puedo tenerlo."

**Tercer paso**: "Yo sé lo que quiero y puedo tener parte de ello."

**Cuarto paso**: "Yo sé lo que quiero y puedo tenerlo todo."

**Quinto paso**: "Yo tengo lo que quiero."

Los pasos anteriormente citados se asemejan a una escalera vertical progresiva. Usted comienza en el escalón de abajo, y cada uno de los siguientes escalones le acercan a la situación ideal en su vida. A través de las soluciones creativas, avanza de un escalón a otro, hasta que alcanza lo que quiere.

Usted puede hallarse en diversas etapas en los diferentes asuntos de su vida. Tal vez se encuentre en el escalón más alto en relación con su cuidado corporal, tal vez en el escalón más bajo en relación con su carrera profesional y en un escalón intermedio en sus relaciones amorosas. Si puede visualizar dónde está exactamente en la escalera, podrá determinar lo que se necesita para avanzar hacia el siguiente paso.

Sin embargo, antes de que pueda avanzar en la escalera, necesitará superar el primer escalón conocido como el modo "Yo no sé." Si le resulta útil, puede plantearse cualquiera de las siguientes preguntas:

1. ¿Qué haría si lo supiera?
2. ¿Cómo actuaría si estuviera totalmente a cargo de la situación?
3. Si tuviera el tiempo disponible y estuviera libre de responsabilidades familiares y financieras, ¿qué le gustaría hacer?

La respuesta a estas preguntas puede hacer la diferencia, en otras palabras puede despejar las nubes del horizonte y despejar la visión a un entorno de soluciones creativas. Esté abierto a todas las posibilidades que surjan. No será necesario que emprenda todas las posibles acciones que pueda emprender. No obstante, no las descarte antes de darse la posibilidad de considerarlas.

## EL FACTOR DEL TIEMPO

A veces será necesario no emprender actividad alguna debido a que no es el tiempo apropiado para desarrollarla. Tal vez lo que se presente podría saturarlo, hacerle perder el equilibrio, generarle mucho estrés, crear demasiados vínculos para mantener. Tal vez, simplemente tenga a cargo muchos asuntos, o tal vez pueda estar estirando su presupuesto hasta el límite. Quizás no haya encontrado a las personas idóneas en las que pueda delegar algunas tareas. Posiblemente la oportunidad se presentó demasiado tarde o antes de que pudiera estar listo para asumirla.

Avery era asistente de un prestigioso agente de talentos. Su meta era la de, en el futuro, llegar a ser agente él mismo cuando aprendiera todo lo necesario de su jefe y mentor.

Cierto día, después de haber estado trabajando para la compañía durante unos seis meses, Avery llegó a su oficina y vio que su jefe estaba empacando sus cosas. Cuando preguntó qué había sucedido, su jefe dijo simplemente que lo habían dejado ir. "Prepárate," le dijo su mentor, "es posible que ellos te ofrezcan mi puesto. Así es como funcionan las cosas aquí."

Y así lo hicieron. Los gerentes de la empresa decidieron que Avery era la persona que debía recibir la lista de clientes importantes y que él tendría ahora la responsabilidad de encontrarle a sus clientes (actores), trabajo. Al principio Avery estaba entusiasmado con la idea. Ser un agente implicaría ganar mucho dinero, ir a almuerzos de negocios con ejecutivos influyentes del mundo del cine y la televisión y codearse con celebridades. También implicaría cerrar negocios de considerable importancia, establecer y confiar en vínculos comerciales, evaluar qué negocios eran dignos de participar y saber cómo manejar a los clientes exigentes y de peso. En la mayoría de estos campos Avery era un completo principiante.

En su interior, Avery sabía que no estaba listo para asumir ese reto. Simplemente hasta ahora no había aprendido lo suficiente para aceptar tal responsabilidad. Él quería ser agente, pero quería ser un *buen* agente – no simplemente tener el título. Era consciente de que todavía no sabía lo suficiente sobre el cargo, lo que incluía tener suficiente información y pericia, y atender a los clientes bien. A su vez, también sabía que aceptar la oferta ahora, significaría estar empacando sus cosas en poco tiempo para abandonar la empresa. Así que descartó la oferta del empleo, sabiendo que era la oportunidad correcta, pero no el tiempo apropiado para él.

Por el contrario, la situación de Marlene era muy diferente. Ella trabajaba como pediatra en un hospital grande y había tomado la decisión, junto con otros dos colegas, de ejercer la profesión en privado. Inmediatamente después de tomar la decisión, pero antes de informárselo a su empleador, ella recibió la oferta de llegar a ser la directora de toda la unidad pediátrica. Esta era una oportunidad excepcional y Marlene se encontró a sí misma envuelta en un gran dilema.

Cuando pasó el impacto inicial de la noticia, Marlene recordó la razón inicial por la que había decidido originalmente dejar el entorno hospitalario: Las políticas. Ella se había cansado de tener que lidiar con tanta burocracia para poder practicar la medicina. Al final ella rechazó la oferta y continuó con sus planes. La oportunidad se presentó demasiado tarde.

Muchas cosas en la vida tienen que ver con el tiempo. Encontramos a la persona amada cuando ambos están listos. Encontramos el trabajo correcto cuando el universo ha alineado nuestros talentos con las necesidades del empleador y hallamos la situación correcta cuando estamos listos para ella. Por lo tanto, si se presenta una oportunidad en el momento equivocado, déjela pasar.

Usted sabrá cuándo será el tiempo apropiado para aprovechar la siguiente.

## EL FACTOR DEL COSTO

A veces lo que se gana es muy poco en relación con lo que se sacrifica, si se toma la oportunidad. Cuando usted se halle en el proceso de decisión necesitará hacer una valoración costo/beneficio para determinar si la oportunidad presentada vale la pena o no.

Para hacer dicho análisis, tenga en cuenta el costo que implicará en términos de tiempo, carrera, relaciones, privacidad, vida de familia y salud emocional, mental, física y espiritual. Si los resultados indican que tomar la opción significará un costo alto en alguno de estos aspectos, entonces tendrá que sopesar muy bien la decisión.

Eleanor era psicóloga industrial y había estado trabajando en una firma de consultoría privada por muchos años. De pronto, le ofrecieron una posición como consejera de personal en una compañía de bienes raíces a nivel nacional. Aquella oportunidad era muy llamativa para ella, aunque aceptarla implicaría hacer algunos ajustes radicales en la vida. El horario de trabajo sería extenso. También se requeriría que viajara el 70% del tiempo y se necesitaba que tuviera disponibilidad para dirigir seminarios durante dos de los cuatro fines de semana al mes. Luego de considerar el asunto con su esposo, quien acordó que asumiría el cuidado diario de su hijo de segundo grado, Eleanor decidió que esta era una oportunidad excepcional en su carrera y que iba a aceptar la propuesta.

El trabajo era interesante y satisfactorio, pero también altamente desgastante. Al cabo de tres meses, Eleanor estaba exhausta. Con frecuencia llegaba a casa pasadas las once de la noche, picaba algo de comer y se refugiaba en su cama sin siquiera pasar algo de tiempo de calidad con su familia. Como resultado, Eleanor empezó a aumentar de peso y a sentirse desgastada. A medida que los días pasaban se ponía cada vez más irritable. Llegó el momento en que ella se dio cuenta de que su trabajo le estaba exigiendo demasiado y que el costo que estaba pagando era muy alto en términos de vida de familia y de salud física. El costo sobrepasaba los beneficios, de modo que renunció y regresó a su trabajo anterior, el cual le ofrecía horas flexibles y le permitía decidir cuánto tiempo iba a pasar viajando.

Cerca de un año más tarde, le ofrecieron otro puesto muy lucrativo con una firma de comisionistas de bolsa. De nuevo, las horas serían extensas y también se requeriría que viajara bastante. Esta vez Eleanor tomó la decisión en menos de un día pues analizó el costo/beneficio y lo que había aprendido de su experiencia pasada. De modo que, en esta oportunidad, rechazó el ofrecimiento. Ella quería disfrutar de la oportunidad de pasar tiempo con su familia y decidió que consideraría una opción como las anteriores cuando su hijo empezara la universidad.

Las oportunidades que cuestan más de lo que usted puede dar no valen la pena. Si su análisis de costo/beneficio le indica que necesitará dar más de lo que va a recibir a cambio, deje pasar la oportunidad. Simplemente no era la correcta para usted.

## CUANDO USTED YA HA TOMADO UNA DECISIÓN

En el momento en que tome una decisión, ponga por escrito su elección, registre la fecha, y dígale a su familia o amigos de confianza lo que ha escogido. Hacer esto es muy importante porque fija una responsabilidad externa que lo ayudará a mantenerse dentro del derrotero fijado. La gente con frecuencia hace esto cuando está intentando modificar el comportamiento en algún sentido, como por ejemplo, dejar de fumar, o vencer la tendencia a posponer siempre las cosas. Una de las razones por las que el entrenamiento en grupo da tan buenos resultados es porque a las personas les motiva el compromiso ante otros. Si a usted se le pide que haga algo y usted le deja saber a otros lo que tiene que hacer, estará menos propenso a descuidar su deber. Piense en los propósitos que la gente se hace cada vez que comienza un nuevo año. La razón por la cual éstos se han olvidado cuando inicia marzo es porque no se ha establecido una auditoría externa.

Cada decisión requiere que usted ensanche su zona de confort. Implica que usted asuma un riesgo, el cual, por definición, es perturbador. Tan pronto como la mente empieza a considerar lo que uno está a punto de hacer, empieza a buscar razones que intentan reversar la decisión.

Es probable que usted haya escuchado a algunas personas decir: "Cambié de opinión." "Hablé con algunas personas que conozco y dicen que es demasiado arriesgado." "Necesito conservar el empleo estable que he tenido por años." A esto se le llama en las ventas "remordimiento de comprador." Sin embargo, en el campo de la motivación personal se les llama "Sí, pero...", los cuales se apoderan y sabotean las oportunidades.

Cuando sepa lo que quiere y se llene de entusiasmo por realizarlo, escríbalo, dígaselo a quienes lo van a apoyar y comprométase a cumplirlo. Emprenda la acción y tenga en mente los siguientes principios:

No titubear.

No vacilar.

No esperar.

No se permita a sí mismo oportunidades para retractarse de su decisión. Cuando elige teniendo en cuenta a su auténtico yo interior, todas sus defensas – es decir – su ego, su crítica interna y sus temores, se levantarán como un ejército para tratar de impedir que logre lo que se ha propuesto.

Los "negahólicos" aparecerán para recitar las limitaciones. Y a menos que su resolución interna sea fuerte, ¿para qué confrontarla con las fuerzas combinadas de la duda y los proyectos truncados de otros?

## AVENTÚRESE A LO DESCONOCIDO

*El problema es que si usted no arriesga nada, está arriesgando todavía mucho más.*
—Erica Jong

Tomar las oportunidades implica aventurarse a lo desconocido. Escoger algo nuevo puede ser inquietante, no obstante, también puede ser una de las cosas más excitantes de la vida.

Cuando yo estaba en mis 20 y todavía actuaba, me ofrecieron la oportunidad de ir a Nueva York para actuar en *As You Like It (Como te guste)* en Shakespeare al parque. Participar en Shakespeare al parque había sido mi sueño por años. No obstante, yo había cambiado la actuación por otra pasión y había guardado ese sueño en mi carpeta de archivos denominada "Yo creo que nunca sucederá." Sobra decir que yo estaba muy conmovida de que este prospecto de un sueño no realizado se hiciera realidad.

Estar en esa obra en aquel momento implicaba dejar temporalmente la universidad, mi hogar en Minnesota y mi esposo con quien llevaba seis meses de casada y viajar sola a Nueva York.

Este había sido un sueño de toda la vida y aunque racionalmente parecía que no debería ir, mi interior me decía que debía hacerlo. Sabía que no me lo iba a perdonar el resto de la vida si dejaba pasar esta oportunidad.

De modo que, empaqué mis maletas, viajé a Nueva York, fui a actuar e hice lo que deseaba hacer por última vez. En aquella oportunidad no tenía garantías, no tenía promesas, ni pasamanos para aferrarme. Confié tanto en mi interior que viví cada uno de esos días con una intensidad única.

Hace poco alguien me envió unas filminas de ese verano. Hay una serie de fotos donde yo estoy con el traje de la obra bajo un árbol en Central Park. Mi rostro se ve fulgurante, me veo absolutamente llena de felicidad. Cuando le mostré esa foto a una joven amiga mía, ella me pidió que le regalara una copia para ponerla en su escritorio como un recordatorio de que asumir riesgos es una de las mejores maneras de invitar a la felicidad a entrar en tu vida.

## TOME RIESGOS

Tomar riesgos implica salirse de la zona cómoda y hacer algo con lo cual no hay ninguna garantía de éxito. Significa hacer caso al fragor del momento, prestar atención a las burbujas internas de entusiasmo y dar crédito a la luz en sus ojos. Significa que usted emprende algo que no es lógico ni racional sino intuitivo. Significa ir en contra de la sabiduría convencional y escuchar al corazón. Asumir riesgos no es algo temerario, pero no necesariamente significa que en todo momento se es cauto. Tomar riesgos normalmente ocurre en algún lugar en medio de otras cosas.

Implica tener autoconfianza y disposición para cometer errores. Sea que sus expectativas y sueños se cumplan o no, siempre quedará una cantidad de cosas que aprender de la experiencia.

¿Cómo saber cuándo tomar un riesgo? Cuando la incitación del deseo sea tan fuerte como un imán. Cuando el deseo lo tenga tan asido que no esté dispuesto a soltarlo. Cuando esté listo y dispuesto a aceptar lo que venga como resultado. En ése momento usted sabe que es cuando debe dar el salto.

Entre el mundo seguro donde está arraigado y la nueva vida que desea crear, existe un abismo. A usted le corresponde construir ese puente que una esos dos mundos. El desafío comienza una vez que haya asumido el reto.

Allí es donde descubrirá que después de haber realizado toda la meditación, toda la investigación, toda la evaluación y haya decidido, realmente no sabrá nada hasta cuando usted mismo se haya puesto en la experiencia.

El último centímetro o kilómetro es la zona desconocida. Usted podrá saber la respuesta únicamente desprendiéndose de lo que sabe y yendo por ella. Así es como se siente saltar al vacío. Una vez que mueva su primer pie para proseguir adelante el pie anterior deberá dejar de hacer contacto con el suelo antes de que el primer pie haga un contacto sólido. Es ese sentimiento de estar "desconectado" el que se experimenta al momento de tomar un riesgo. Con nada que lo ate debajo de uno y nada de lo cual asirse. Tendrá que confiar completamente en sí mismo. El sentimiento es lo más parecido a darse un vuelo emocional.

Nike dice: "¡Simplemente, hazlo!" Por supuesto, esto es más fácil decirlo que hacerlo. Pero existe un momento en que hacerlo es lo único que falta. Llegará el momento en que tendrá que decidir si va a asumir el riesgo o no. Y ese momento llega cuando haya llenado toda brecha de información y dudas, contestado todas las preguntas en su mente, pedido a otros su opinión, investigado en la internet y leído todo lo que haya llegado a sus manos. Si después de todo ello, se da cuenta que la oportunidad no es para usted, descártela de inmediato. Pero si decide que quiere emprenderla, entonces tendrá que aventurarse a lo desconocido y asumir el riesgo.

¿Está listo para dar el salto?

## CUIDADO CON LOS FALSOS SENDEROS

*El camino hacia el éxito tiene muchas distracciones a su lado.*

—Steve Potter

A veces, cuando se camina por el bosque, lo que parece una ruta esplendorosa resulta ser una pista vaga que conduce a nada, excepto a un hueco cavado por conejos. Los senderos falsos son distractores aparentemente inofensivos que terminan por sacarlo a uno del camino. Puede ser una distracción muy atractiva al principio, pero al final lo aleja del camino al cual quiere ir. Irse por un sendero falso implica hacer una interrupción, la cual usualmente tiene su costo en términos de tiempo, esfuerzo, quizás dinero y otros recursos.

Los senderos falsos no son oportunidades que uno quiera aprovechar, más bien, son cosas que uno no ha planeado; son desviaciones que uno toma de forma consciente; variaciones a la ruta escogida de las cuales, seguramente se aprenderán lecciones.

### DESVIACIONES A LO LARGO DEL CAMINO

¿Por qué toma la gente desviaciones? A veces ocurre por auto sabotaje, a veces porque se cree que se ha encontrado un atajo en el camino al éxito y otras veces por el puro placer que el sendero falso parece traer al final. Cualquiera que sea la razón, las desviaciones ocurren con frecuencia, a veces más de una vez a la misma persona. Lo mejor que uno puede hacer para evitarlas es ser muy cuidadoso y esquivarlas. Uno también puede aprender de las experiencias si en algún momento ha elegido un sendero falso.

Digamos que su meta es encontrar a la persona correcta y casarse. Usted establece esta como su meta y establece las acciones que lo llevarán a encontrar a esa persona. Así, usted va por el mundo con una misión. Entonces, se aparece alguien con quien nunca se casaría porque sabe que esta no es la persona correcta, pero se siente atraído hacia esa persona y entonces se envuelve en una relación casual con ella.

Si su meta fuese tener la oportunidad de conocer a personas diferentes, estaría en la ruta correcta. Pero, puesto que su meta original era encontrar una esposa, se ha desviado por un sendero falso. La champaña y las noches de baile pueden ser muy divertidas, pero al final, necesitará invertir tiempo y esfuerzos para regresar a la ruta original y alcanzar el éxito de su meta.

No estoy diciendo que uno no se deba divertir. En realidad yo soy una gran defensora de la diversión. Pero la mayor diversión consiste en la realización de sus sueños. Si tiene puesto su corazón en la meta que sabe que lo hará feliz, irse por pequeños desvíos que le impidan asirse del trofeo no valdrán la pena al final.

Howard era un inversionista emprendedor dedicado a los negocios de finca raíz. Él tenía el sueño de construir y poseer un pequeño hotel en una isla del Caribe donde él y su esposa pudieran, con el tiempo, irse a vivir para disfrutar de su jubilación. El proyecto implicaba invertir bastante capital sin mencionar el duro trabajo que aquello envolvía. No obstante, Howard estaba listo para asumir el reto.

El problema era que él no podía decir "no" a las buenas oportunidades de inversión en finca raíz que se le presentaban. Cierto año era un lote de parqueaderos en Manhattan, al año siguiente era un edificio de oficinas en Nueva Jersey. Y todas estas oportunidades requerían de la inversión de grandes sumas de dinero que él había reservado para el hotel. Tales negocios también le consumían gran parte de su tiempo y energías que él debía dedicar a investigar respecto a posibilidades inmobiliarias en las islas.

Howard tampoco podía decir "no" a otro tipo de ofertas que implicaran diversión, como viajar a Escocia con sus tres compañeros de golf para jugar en el famoso campo St. Andrews. Oportunidades como esas eran las que Howard consideraba como de "una vez en la vida." Y, por supuesto, con cada terreno que compraba y cada viaje costoso que hacía, gastaba tiempo y dinero valiosos, lo que lo alejaba cada vez más y más de las playas de arena blanca del Caribe.

## RECONOZCA LAS DESVIACIONES A LO LARGO DEL CAMINO

¿Cómo reconoce usted los senderos falsos? Hay tres formas de hacerlo. Primero, todos los senderos falsos tienen algo en común: Se ven *muy* atractivos. Son el dulce de algodón de las oportunidades: esponjados y coloreados. Sin embargo, una vez en la boca, se derriten y dejan una gran sensación de vacío.

Segundo, se concentran en los beneficios a corto plazo y no a largo plazo. Ofrecen gratificación instantánea e inmediata, pero no ofrecen ningún tipo de sentido de logro o satisfacción a largo plazo. Cuando ponemos a un lado nuestras metas a largo plazo a cambio de la gratificación inmediata, por temporal que esta sea, estamos yéndonos por un sendero equivocado.

En tercer lugar, con frecuencia quienes se van por senderos equivocados se ponen a la defensiva cuando han de justificar sus decisiones. De modo que si usted se pone extremadamente defensivo respecto a haber tomado cierto giro en el camino, lo más probable es que se haya desviado por un sendero falso.

De lo que yo estoy hablando aquí es de compromiso, no de sacrificios. En ocasiones uno debe decir "no" a algo en el presente con el fin de conseguir algo mejor en el futuro. Puede convertirse en un sacrificio si usted se enfoca en lo que está rechazando, pero es un compromiso si se enfoca en su decisión de mantenerse dedicado a sus sueños más atesorados. Todo depende de cómo lo vea.

Por ejemplo, si su meta es perder diez libras, usted puede ver como un sacrificio no comerse un pastel de chocolate, o puede verlo como un refuerzo a su compromiso de alcanzar la meta. Si ve los asuntos como en el primer caso, se sentirá que está pasando por privaciones. Pero si lo ve como en el segundo caso, la autoafirmación que experimente la disfrutará tanto como disfrutaría el pedazo de pastel.

El asunto subyacente es este: los senderos falsos conducen a la gratificación a corto plazo, pero las oportunidades reales son las que le dan la posibilidad de alcanzar sus metas a largo plazo. Dependiendo de lo que sea más importante para usted, podrá disfrutar de un pequeño placer en el presente o de todo el menú más adelante. La decisión es suya.

Durante el curso de la vida, las oportunidades se presentan continuamente de varias formas. Si está atento las notará. Si escucha su voz interior, confía en usted y no se distrae en los desvíos falsos, podrá elegir las oportunidades que le guiarán hacia el logro de sus metas.

Tenga esto muy presente: las oportunidades siempre están allí afuera. La pregunta es: ¿Reconoce las oportunidades que son las apropiadas para usted?

# SÉPTIMA REGLA

---

*Cada fracaso suministra
lecciones valiosas*

---

A LO LARGO DEL CAMINO HABRÁ DESILUSIONES
Y FRACASOS. APRENDER DE TALES EXPERIENCIAS SUMINISTRARÁ
LA GUÍA QUE RESULTARÁ VALIOSA EN LA RUTA
DEL CAMINO HACIA EL ÉXITO.

El éxito y el fracaso están tan estrechamente vinculados como la luna y la marea, como las montañas y los valles, como el sol y la lluvia. Tal como la naturaleza suministra equilibrio en el mundo natural, el universo provee el equilibrio en el ámbito humano a través de las experiencias, tanto buenas como difíciles.

Existe una buena razón detrás del adagio que dice que uno no puede probar la dulzura del éxito si antes no ha probado la amargura del fracaso. Uno no puede apreciar plenamente el gozo del logro a menos que haya experimentado la adversidad, si no ha sido seriamente derrotado por los reveses de la vida o si no ha sido desilusionado tan fuertemente que ha pensado en la idea de no levantarse de nuevo.

Casi todas las personas que han alcanzado el éxito han experimentado alguna vez el fracaso. Quizás vieron como sus sueños se hacían pedazos, o como sus aspiraciones fueron ridiculizadas, o sus metas azotadas contra el muro de las instituciones financieras. Tuvieron que enfrentar la frustración, el rechazo y la decepción y encontrar la manera de recuperarse de sus reveses.

Habrá ocasiones, durante su viaje, en las que encontrará obstáculos. A medida que avance por la senda, siempre existirá la posibilidad de caer, de rasparse las rodillas y hasta de salirse del camino. También habrá momentos en los que el fracaso parecerá demasiado abrumador para enfrentarlo.

El desafío en esos momentos será conectarse a su fuente de determinación, de modo que pueda levantarse de nuevo, sacudirse del polvo de la vergüenza, reparar el orgullo herido y la confianza sacudida, y seguir adelante. Por supuesto, necesitará tomarse el tiempo necesario para asimilar su experiencia y sanar las heridas apropiadamente, de modo que pueda ganar perspectiva y aprender de lo que sucedió.

Si usted ha de triunfar en la vida, tendrá que enfrentar los fracasos y las desilusiones que la vida trae y descubrir el valor inherente que se aprende de cada una de esas situaciones negativas. A nadie le gustan los fracasos, a nadie le gusta perder su registro de lo que llevaba. Sin embargo, los que son sabios, son los que nunca decaen. Son los que utilizan esos reveses como oportunidades para crecer e impulsarse hacia delante, hacia el éxito.

## CUANDO LOS REVESES OCURREN: RENDIRSE VERSUS SEGUIR ADELANTE

> *No estoy desanimado porque cada intento fracasado*
> *lo considero un paso más hacia delante.*
> —Thomas Edison

Cuando ocurre un fracaso, usted inmediatamente enfrenta una decisión. Hay dos opciones. Uno puede caerse y quedarse en el piso, agobiado por la auto recriminación y la actitud de derrota, o puede asimilar la desgracia, perseverar en sus esfuerzos, ya sea por volver de nuevo al camino o por establecer uno nuevo y, con el tiempo, aprender de lo que ocurrió. En otras palabras, puede darse por vencido o seguir adelante.

## LA ACTITUD DE DERROTA

La primera opción es la que parecerá la más fácil de seguir. Tal como ocurre con la aflicción, la primera reacción después de experimentar un fracaso es la negación. Duele ver los sueños desbaratados y los esfuerzos quedar en nada. De modo que es natural que el primer instinto sea esconderse y dar por concluidas las posibilidades de llegar al sitio donde se quería ir. El problema surge cuando la persona permanece escondida y rehúsa superar ese choque inicial que lo afectó.

Un buen ejemplo de lo mencionado es Daniel. El sueño de él era asistir a la universidad de Harvard. Toda su vida deseó vestir el carmesí y la insignia dorada. Se esforzó por ser un excelente estudiante durante la secundaria y participar en muchas actividades extracurriculares. Hizo todo lo que fuera posible para llamar la atención de la junta académica de la universidad. Sin embargo, infortunadamente, los puntajes de Daniel en el SAT (prueba de aprovechamiento de la secundaria) no fueron lo suficientemente altos para alcanzar los requisitos de Harvard, de modo que su aplicación fue rechazada.

Daniel se sintió devastado. Él siempre había tenido un sentido de auto estima muy frágil, por lo que el rechazo fue un duro golpe para él. Cuando recibió el sobre y leyó las noticias se fue directo a su cuarto y permaneció allí el resto del día. Y a pesar de que, durante las semanas subsiguientes sus padres trataron de consolarlo, diciéndole que había multitud de otras buenas universidades en las que seguramente sería aceptado, él respondía con desinterés.

Durante los meses siguientes él no hizo nada para salir de ese estado, y un día, para desilusión de sus padres, anunció que no asistiría a ninguna universidad. Al parecer, el rechazo de Harvard le había golpeado tan duro su autoconfianza que estaba demasiado pulverizado como para emprender alguna otra meta.

Afortunadamente, los padres de Daniel fueron lo suficientemente sabios como para darse cuenta que su hijo estaba sufriendo una depresión post traumática e hicieron arreglos para que un terapeuta calificado lo ayudara. Cierto, tomó un poco de tiempo, pero eventualmente Daniel recuperó su confianza intelectual y empezó a salir de la concha donde se encontraba. En la primavera siguiente Daniel vino a verme y juntos diseñamos un nuevo plan. Envió solicitudes a varias universidades de alto perfil y fue aceptado en Duke University.

También están los que inconscientemente escogen la derrota y se ponen furiosos, hasta resentidos. Es el modo de enfrentar una pérdida bajo el enfoque "Esto no es justo." Este curso de acción conduce al proverbial dicho del madero sobre el hombro. ¿Ha conocido usted alguna vez a alguien que cargue con el peso de una derrota pasada como si fuera una insignia? La sacan a relucir y con frecuencia esto sucede cuando la vida presenta desafíos. La pérdida, el fracaso o la desilusión se convierte en una razón para estar furioso contra el mundo. Andan resentidos con lo que les ha tocado vivir y terminan creyendo que el destino está en contra de ellos. La causalidad no es parte de su realidad.

Marcia era uno de estos casos. A la edad de cuarenta y cinco años era ejecutiva en una empresa de telecomunicaciones. Durante años, ella había estado trabajando por la meta de convertirse en jefe operativa. Cuando la persona que tenía esa posición se jubiló, ella y todo el mundo en la empresa sabían que Marcia iba a ser ascendida. Sin embargo, la gerencia decidió traer a una persona joven de fuera de la compañía para, según lo explicaron: "inyectar nuevas energías a la compañía."

Marcia no pudo aceptar la noticia de un buen modo. Por supuesto, estaba desilusionada. Ella pudo haber asumido este evento como una oportunidad para buscar otros horizontes o para reprogramar su futuro. No obstante, concentró todas sus energías en sentirse molesta y resentida. Empezó a bajar la calidad de su trabajo, a perder reuniones importantes y, en general, a adoptar su trabajo con una actitud de antipatía. Ella menospreciaba a su nuevo jefe e indisponía a todo el mundo a su alrededor. Así, permaneció estancada en su resentimiento y congelada en su carrera.

Perdí el rastro de Marcia después de que vino a verme y después de que rehusara reconocer que su amargura se estaba interponiendo en su camino. Ella no había podido superar el muro de hostilidad que había construido a su alrededor después de su decepción, la cual consideraba como la causa central y única de todos sus problemas en la vida. Al final no supe si ella descubrió lo que necesitaba hacer a fin de recuperarse, lo que en su caso implicaba superar la desilusión, sobreponerse al rencor y diseñar la estrategia para avanzar hacia delante.

## LA RECUPERACIÓN

La segunda opción es la mejor. De seguro usted va a experimentar sentimientos de derrota, como le sucedió a Daniel, o sentimientos de furia como en el caso de Marcia. En la opción de recuperación tendrá que luchar contra las emociones negativas que surjan, asimilar lo sucedido, poner la experiencia en su debida perspectiva y decidir avanzar hacia delante. La recuperación se experimenta cuando asume sus derrotas como parte de su historia personal en vez de permitir que éstas sean el fin de la historia.

Concentrarse en las derrotas significa vivir en la tierra de nadie. Existen unos dibujos animados producidos por Mary Engelbreit, llamados *"Don't look back"* (No mires atrás)", donde se muestra una señal de bifurcación en el camino; una flecha apunta hacia "Su vida" y la otra apunta hacia la opción "Ya no más." Si usted continúa enfocándose en lo que pudo haber sido en vez de lo que en realidad es, está negando la realidad. En una situación así, ¿cómo esperar enfocarse en el futuro si todavía vive atrapado en el pasado?

Las dificultades forman el carácter. Son las que hacen la diferencia entre alguien exitoso y alguien afortunado. No es la persona que obtiene todo muy fácil en el primer intento la que tiene la fortaleza, la resistencia, la sabiduría y el valor. Más bien, es la persona que ha corrido la carrera y por un margen estrecho ha ganado la carrera a través de todos sus esfuerzos. Para estas personas la victoria tiene el sabor más dulce.

Todo se resume en cómo percibe usted las experiencias difíciles. Puede verlas como fracasos, lo que produce sentimientos e imágenes de devastación; pero también puede verlas como obstáculos que hay que superar, que son no más que un retraso temporal en el camino. En ambas situaciones convergen fuertes emociones. Sin embargo, la verdadera diferencia entre las dos es cómo enmarca usted la experiencia en el contexto del futuro. ¿Se convertirá esta experiencia en el final del camino o simplemente en un elemento disociador que hay que superar en el camino al éxito?

## PERSEVERANCIA:
## LA RUTA DE LOS QUE TIENEN DETERMINACIÓN

> *Nunca, nunca, nunca te des por vencido.*
> —Winston Churchill

La determinación es un estado mental de compromiso con un resultado. Cuando uno tiene determinación está dispuesto a hacer lo que sea necesario para alcanzar su objetivo. Las personas con determinación no permiten que los problemas obstaculicen su camino, más bien, encuentran la manera de vencer la dificultad y hacen cosas que parecen imposibles de realizar. Si tiene determinación, no considerará como opción el darse por vencido. Usted perseverará sin importar lo que venga.

Ruby y Neil eran un matrimonio joven de Texas y querían ser padres. La meta era lograr un embarazo antes de finalizar el año, pero no lo lograron. Después de intentar concebir por los medios naturales durante cerca de un año, intentaron con medicamentos para la fertilidad. Aunque la medicina era costosa, lo que causó un efecto en sus ahorros, estuvieron dispuestos a invertir en ello. Querían tener un hijo y estaban decididos a invertir todos sus ahorros en ello si fuera necesario. Después de varios meses les informaron que los medicamentos no estaban resultando y que necesitarían probar con la fertilización in vitro, otro procedimiento bastante costoso. Lo intentaron también y no obtuvieron resultados. Descubrieron, a través de pruebas de laboratorio, que todo se debía a una rara condición genética. Con el tiempo, dadas las pocas posibilidades de concepción, el médico de la familia les sugirió considerar otras posibles alternativas, como por ejemplo, la adopción.

En esa situación, Ruby y Neil experimentaron un aluvión de fuertes sentimientos. Se sentían tristes, furiosos, frustrados y desilusionados. Se sentían decepcionados cuando veían que otras parejas de su edad podían tener hijos. Ruby en una ocasión, mientras estaba de compras en el supermercado, empezó a llorar al ver a una madre con su bebé sujetado a su espalda. No obstante, ninguno de los dos se dejó llevar por el desconcierto. Ellos anhelaban tanto ser padres que rehusaron darse por vencidos. Sabían que tenía que haber una manera y resolvieron descubrirla.

"Encontrar la manera" llegó a ser un proyecto bastante absorbente. Consultaron una segunda opinión, de modo que visitaron a varios especialistas en fertilidad, de varios lugares del país. Cuando la ciencia abrió la posibilidad de tener madres por alquiler entonces concentraron toda su atención en esa posibilidad. Investigaron al respecto toda la información que había en internet, leyeron todo el material impreso disponible y entrevistaron a las personas que habían estado involucradas con esa alternativa. No obstante, al final decidieron que esa posibilidad no era para ellos, de modo que empezaron a pensar en la idea de adoptar un hijo. Así fue como se inscribieron en diferentes agencias nacionales de adopción, hasta que conocieron a una mujer embarazada en Seattle que planeaba dar a su bebé en adopción una vez éste naciera.

Así que un año y seis meses después de iniciar su proceso de búsqueda, Ruby y Neil viajaron en avión a Seattle para asistir al nacimiento de su hija. Al final, a través de la perseverancia, hicieron realidad su sueño más anhelado y ahora son padres de una hermosa bebé. Aquello implicó tiempo, energía y recursos considerables, pero perseveraron en sus esfuerzos. La frustración pudo haberles hecho desistir de sus esfuerzos en algún momento a través del camino, pero ellos demostraron una determinación inquebrantable.

Las personas con determinación dejan nuevas pisadas para seguir. Cuando alguien les dice "Las cosas no van a funcionar", simplemente se lo toman con calma y aguardan la oportunidad. Lo anterior no significa que las personas con determinación no enfrenten sentimientos de desánimo, no pierdan las esperanzas en ocasiones, o den lugar a considerar otras opciones. Todo ello hace parte de la experiencia humana.

## A QUÉ SE ASEMEJA LA "DETERMINACIÓN"

La diferencia entre las personas promedio y las personas exitosas es que las exitosas no pierden tiempo quejándose de sus limitaciones, más bien las trascienden. Asumen su porción de dificultades en la vida y continúan adelante a pesar de ellas. Aunque en ocasiones se sientan lastimadas y emocionalmente golpeadas, se levantan y empiezan una vez más. Son como esos muñecos de publicidad que se mantienen erguidos por el aire, se resisten a permanecer derribados.

Ruby y Neil podrían haberse dado por vencidos. Podrían haber dicho que la búsqueda estaba muy difícil, que consumía demasiado tiempo o que era muy costosa. Ellos podrían haberse escondido tras la autocompasión y haber permitido que la dificultad destruyera su matrimonio. Pero más bien, ellos escogieron la determinación y vencieron.

Quienes manifiestan determinación interpretan los obstáculos como señales de desviación en vez de señales de terminación del camino. Siempre buscan otra manera de llegar a donde desean ir, aun si ello implica ir por una ruta diferente a la que originalmente habían trazado.

La gente exitosa también crea una red de apoyo utilizando a quienes no "creen" en ellos argumentando las posibles limitaciones. Sin importar lo convincentes que sean para sus círculos internos, han dejado suficientemente claro con anterioridad que los momentos de duda no deben tomarse en serio. Quienes se encuentran a su alrededor saben y les recuerdan que ellos tienen suficiente determinación para sustentarlos, aún en los momentos en los que es difícil recordar esa cualidad.

La determinación es lo que John F. Kennedy encarnó en 1961 cuando dijo que antes del final de esa década el hombre viajaría a la luna.

La determinación es la fuerza que llevó a Walt Disney a perseverar y construir su sueño, a pesar de que tuvo que declararse en bancarrota en cinco oportunidades.

La determinación fue lo que condujo a Michael Jordan a continuar practicando y mejorando su técnica de juego, pese a que fue despedido de su equipo de baloncesto en la secundaria.

Fue la determinación lo que alimentó a John Grisham, quien ha vendido más de 80 millones de libros alrededor del mundo, después de que treinta y cinco compañías editoriales rechazaran su trabajo.

Ejemplos como estos pueden fortalecerlo en aquellos momentos en los cuales usted piense que está listo para darse por vencido y abandonar su sueño. Yo misma he necesitado utilizar la determinación de otros como fuente de inspiración cuando la lucha ha parecido demasiado difícil y cuando la fuerza de gravedad ha estado intentando ganar fieramente la lucha.

Hace varios años, mi organización experimentó un fuerte revés. Para el año 1979 habíamos tenido mucho éxito. Durante cinco años habíamos estado doblando al año anterior en ingresos, programas y personal. La gente de hecho decía que yo tenía un toque mágico al observar que todo lo que yo tocaba se convertía en oro. Nosotros estábamos creciendo, los clientes estaban convirtiendo sus sueños en realidad y el camino hacia delante se veía tan claro como un río cristalino. Teníamos alquilado un edificio de unos 10.000 pies cuadrados en San Francisco, donde albergábamos nuestras oficinas administrativas y teníamos tres salones para seminarios. El plan iba viento en popa, o al menos eso era lo que nosotros pensábamos. El diseño era hermoso, los clientes se sentían satisfechos y el futuro lucía optimista.

Luego de haber invertido USD$300.000 en el diseño y la construcción del interior, descubrimos, para nuestra sorpresa que no podríamos dirigir más de un seminario a la vez. El ingeniero de sonido no había tomado muy en serio nuestra recomendación de que la gente necesitaba estar en plena capacidad de expresarse audiblemente en nuestros programas y el sonido que se filtraba por entre los salones era inaceptable. Todos nuestros programas quedaron insuficientes y todas nuestras cifras se vieron reducidas en un 66%. Fue un desastre.

Nos sentimos devastados. Esto era todo por lo que habíamos trabajado y lo que habíamos soñado, y ahora, por causa de un error, se esfumaba como el viento. Una parte de mí se sintió derrotada, como si el tamaño y el alcance del problema fueran demasiado grandes para superarlos. Otra parte de mí se sentía como una chiquilla que quería llorar y ser rescatada, y otra parte de mí quería tomar el camino fácil y simplemente darse por vencida.

Afortunadamente, una gran parte de mí escogió luchar y mantenerse a flote. Como consultora administrativa yo misma había aconsejado en el pasado a muchas personas de negocios sobre qué hacer en circunstancias similares de dificultad. Estaba la compañía editorial que había tenido que hacer una inversión imprevista, el banco que debía vencer el viejo paradigma de ventas pequeñas a cambio de ventas corporativas y la compañía de manufacturas que tenía que cambiar su cultura de asignar responsabilidades basándose en el monto de participación por acciones. Yo había participado en el entrenamiento de estos procesos y había sido testigo ocular de cómo estas empresas se habían recuperado de los momentos difíciles remontando a tiempo de gloria y logro. En abstracto yo sabía que la recuperación a través de la determinación era posible; y yo sabía que todo lo que necesitaba hacer era aplicar esa posibilidad abstracta a mi propia realidad.

Tuvimos una reunión para evaluar las alternativas. Pudimos haber demandado al diseñador y al ingeniero de sonido. Pudimos habernos recriminado por este error tan costoso. Se nos aconsejó que cerráramos el negocio y nos declaráramos en la ley de quiebra amparada por los capítulos 7 y 11. Todas las opciones parecían plausibles, pero a nivel colectivo, nuestra determinación sobrepasó la disposición a perder todo por lo que habíamos trabajado tan duro en crear.

Ninguno de los directores quiso darse por vencido en el asunto. No sobra aclarar que ninguno de nosotros somos personas de litigios. Finalmente Barbara, nuestra jefe de contabilidad y socia, tuvo una idea brillante. "Pudiéramos sub-arrendar el edificio, reducir los gastos, buscar otra oficina más pequeña y pagar nuestras deudas." Aquel era un plan a largo plazo, pero parecía satisfacer nuestras necesidades. Este plan nos permitiría continuar con el negocio, a la vez que asumir la responsabilidad por el error y también aprender del error.

Hablamos con nuestros acreedores, les preguntamos si trabajarían con nosotros y estuvieron de acuerdo. Hicimos la proyección de un plan estratégico con nuevos prospectos, ganancias y pérdidas, reinversión, y un horario actualizado de los seminarios. El plan implicaba austeridad por algún tiempo pero funcionó. Sub-arrendamos el edificio, aseguramos un espacio razonable para nosotros, pagamos a nuestros acreedores y le hicimos frente a la tempestad. Y aquí estamos, veintiséis años después, todavía ofreciendo talleres y seminarios de consultoría, así como programas de entrenamiento para clientes satisfechos en todo el mundo.

No voy a decir que el proceso fue fácil. Hubo momentos de mucha tensión. Se presentaron algunas dificultades y experimentamos mucha estrechez en el camino, pero eventualmente, con el compromiso de todo el equipo, el plan funcionó. En realidad hasta tuvimos un bono adicional. El cambio en la estrategia de mercadeo hizo que nos expandiéramos, primero, a nivel nacional, y nueve años después a nivel internacional. Si no hubiésemos cometido ese error garrafal, nunca nos hubiéramos visto forzados a reconsiderar nuestro plan maestro. Y resultó que, al cambiar nuestras instalaciones grandes por unas más pequeñas, hizo que estuviéramos en condiciones de ir directamente a la gente en vez de esperar que la gente viniera a nosotros, lo cual logró que nuestro negocio fuera más receptivo, flexible y que se hiciera "virtual" mucho antes de que ese concepto se pusiera de moda.

¿Ha recibido usted ayuda que no tenía previsto recibir? ¿Ha tenido una crisis/oportunidad que usted no escogió? ¿Ha superado usted alguna situación que parecía imposible de vencer a través de la determinación?

Sí así es, usted se merece todo el crédito por dicha acción, porque son esas las experiencias que forman un carácter decidido. Recuerde esos momentos y saque fuerza de ellos cuando lo necesite. Otros lo han hecho y usted también lo puede lograr.

Todo lo que se necesita es determinación para seguir adelante.

## EL AGUIJÓN DE LA DESILUSIÓN

*El cascarón deber romperse antes*
*de que el pájaro pueda volar.*

—Alfred Lord Tennyson

En el transcurso de la vida siempre habrá momentos en los que la desilusión lo pondrá a uno a prueba. Sin embargo, si usted ha de tener éxito, deberá aprender a afrontar las decepciones, a hacer frente a los sentimientos implicados y a vencer los reveses y dificultades.

Aún antes de emprender acciones con respecto a sus metas, usted deberá reservar un espacio para las desilusiones. Necesitará reconocer que hay obstáculos potenciales y que al final, puede que el resultado no sea exactamente como lo planeó. Lo anterior no quiere decir que deba concentrarse en ello; más bien, en todo lo contrario. No obstante, traer a la luz la sombra de la decepción potencial hace que su efecto se disminuya y se haga menos amenazante. Hacer esto permite que se concentre en sus objetivos en vez de preocuparse con los "Que pasaría si...". Cuando contempla la posibilidad de que se presenten las peores circunstancias, no tendrá que ocultarse de ellas, puesto que sabe que no lo podrán tomar por sorpresa.

La paradoja consiste en considerar de forma simultánea el resplandor de la posibilidad y la realidad de la desilusión. Esa espada de filo agudo le permite estar completamente consciente de las posibles pérdidas potenciales, a la par que mira hacia el futuro con confianza con la posibilidad de realizar su sueño. En otras palabras, debe dar por perdido antes de empezar a crear.

## ANTICIPE LOS REVESES

A Cheryl le quedaban pocos días antes de su audición con una reconocida compañía de danza. Ella siempre había deseado bailar para esta empresa y por primera vez en muchos años, se había abierto esa posibilidad. Había estudiado danza desde los doce años de edad y había estado practicando diariamente con diligencia durante los seis meses anteriores a la audición. Aún así, ella estaba aterrorizada de miedo, de modo que, por recomendación de un amigo, vino a verme.

Le pregunté a esta joven y agraciada mujer que se sentó frente a mí, con un rostro blanco como el papel: "¿De qué exactamente te sientes aterrorizada?"

Ella contestó: "Tengo mucho miedo de que cometa un error y no sea admitida y de que todo por lo que me he esforzado se eche a perder."

De nuevo pregunté: "¿Qué es lo peor que puede pasar?"

"Pudiera hacer el ridículo en la audición."

"Y, entonces, ¿qué?" – repliqué.

"No sería admitida," – respondió.

"Y, entonces, ¿qué?"

"Bueno, tendría que empezar otra vez de nuevo."

Entonces yo pregunté con amabilidad: "¿Podrías sobrevivir a ello?"

Cheryl se quedó pensando por un momento y contestó: "Bueno, supongo que sí sobreviviría." En el momento en que ella contestó esto último se sintió aliviada. La tensión desapareció de su rostro y sonrió por primera vez desde que entró al consultorio.

No fue sino hasta que Cheryl llevó su temor de desilusión hasta las posibles últimas consecuencias que ella pudo darse cuenta cuál sería el nivel máximo de preocupación. Y cuando vio que aún bajo las peores circunstancias una negativa no significaría su final emocional, ni como persona, pudo liberarse del pánico que le traía la idea de no alcanzar el éxito.

Uno se puede permitir la posibilidad de enfrentar dificultades sin desgastarse con la idea. Anticipar una dificultad es como anticipar una lesión. Uno puede estar consciente de esa posibilidad sin enfocarse demasiado en ella, de modo que termine haciendo que suceda. Imaginemos que usted está esquiando. Si se concentra en la idea de que puede caer, existen grandes posibilidades de que eso ocurra. ¿Alguna vez se ha enfocado tanto en no caer que termina haciéndolo? No obstante, si está consciente de que puede caer, pero se concentra en esquiar en vez de caer, existen menos probabilidades de terminar aterrizado en la nieve.

Recuérdelo, si se concentra en algo, obtendrá más de lo mismo. A su vez, si trata de negar algo, ello encontrará la manera de volver a la superficie. El truco consiste en reconocer que las dificultades pueden surgir sin quedarse paralizado con la posibilidad.

## CÓMO ENFRENTARSE A LA DIFICULTAD

La desilusión es semejante al dolor. Para sobreponerse a ella uno debe estar dispuesto a experimentarla y no simplemente esperar que esta pase sin sentirla.

Los sentimientos generados por las expectativas no realizadas siempre van a algún sitio. Uno no puede suprimir esos sentimientos porque sean desagradables o porque no los pueda soportar. Sin embargo, si uno no los enfrenta es probable que la decepción se repita y eso es factible dado que uno pasó por alto la experiencia inicial. Si uno no experimenta la pérdida, ésta se repite de nuevo en el camino en forma de lecciones hasta que sea aprendida.

Existen ciertos pasos relacionados con hacer frente a la desilusión. En primer lugar, necesita tiempo para asimilar lo que ha sucedido. Este proceso ocurre en tres diferentes ámbitos: el físico, el psicológico y el emocional.

## El ámbito físico

La primera parte y la más rápida en reflejar un revés es la física lo que incluye el entorno relacionado. Por ejemplo, cuando a una persona se le despide de su lugar de empleo, debe recoger sus efectos personales y finalizar todo vínculo que tenía en relación con su empleo. Esto puede incluir una entrevista de salida, una desvinculación asistida, y así por el estilo. La persona tenderá a expresar preocupaciones inmediatas que surjan, tales como la situación financiera y los seguros médicos. En otras palabras, tendrá que ocuparse de los asuntos y circunstancias reales que se deriven como resultado de la experiencia.

Citemos otro ejemplo: la pérdida de una relación en la cual la persona tenía grandes expectativas. En el entorno físico lo primero que se deberá atender tendrá que ver con la repartición de los bienes, y luego, la forma como se invertirá el tiempo en la ausencia de esa persona.

Es necesario e importante dar atención a los cambios que ocurran en el entorno físico. Hacerlo implica envolverse en tareas inmediatas aunque pequeñas en las cuales concentrarse. Al cuidar de usted mismo y estar al tanto de lo que debe hacerse, se mantendrá energizado y en la lucha.

## El *ámbito psicológico*

La segunda fase del proceso es la psicológica. En esta fase tendrá que manejar los cambios de estructura mental en asuntos como la forma en que manejará el tiempo y las opciones y decisiones que tendrá que tomar. Así estará valorando lo que la desilusión o el revés significan en realidad para usted.

Si de nuevo tomamos el ejemplo de perder el empleo, la persona entrará a considerar quién será una vez entregue sus tarjetas de presentación y su tarjeta de acceso a las instalaciones. Y puesto que muchas personas confunden quiénes son con lo que hacen, tendrán que re-definir lo que son sin el puesto de trabajo. Dicho en otras palabras tendrá que definir lo que va a decir cuando la gente le pregunte "¿Qué hace usted?" Perder un trabajo puede llegar a convertirse en un asunto de autoestima, lo cual será algo que tendrá que asimilarse y superarse.

Si la desilusión viene de lo que se percibe como un fracaso personal, como sucedió con un cirujano que una vez conocí, quién estaba apesadumbrado por la muerte de un paciente joven en la sala de cirugía, la persona tendrá que evaluar lo que la pérdida significa y tratar de poner el asunto en su debida perspectiva. Tendrá que entender cómo encaja la experiencia en la suma total de lo experimentado en el viaje de la vida.

Muchas personas solicitan ayuda profesional para manejar el aspecto psicológico. Dado que yo soy entrenadora en temas de motivación, muchas personas acuden a mí en busca de ayuda para entender el sentido de un revés grande en la vida. Cuando se necesite, se debe buscar ayuda de otros, trátese de un entrenador, un terapeuta o un buen amigo. Aquello no querrá decir que quién solicite la ayuda es una persona débil. Más bien, indicará que es una persona lo suficientemente sabia que acude a otros a su alrededor en busca de ayuda y apoyo.

## El entorno emocional

La tercera fase del proceso es la emocional. Esta fase es la más difícil y para muchas personas requiere más atención, en términos de tiempo. Empacar las pertenencias o entregar la llave son cosas más tangibles en comparación con los sentimientos que se tienen cuando se experimenta un revés o una desilusión. Si uno ha estado haciendo su trabajo bastante bien, hasta con cierto grado de excelencia, y la compañía para la cual uno trabaja ha sido adquirida por otra, es absolutamente entendible que se reduzcan algunos puestos de trabajo. Eso es entendible desde el punto de vista racional. No obstante, es más difícil asimilarlo desde el punto de vista emocional. Después de todo, el entendimiento es un asunto psicológico, mientras que los sentimientos son un tema emocional.

Con frecuencia la gente trata de racionalizar la experiencia de una pérdida con explicaciones lógicas y razonables. Sin embargo, la razón no ayuda mucho porque los sentimientos no son racionales. ¿Qué hay si en el caso anterior a usted no le gusta su trabajo y el recorte se convierte para usted en buenas noticias? En ese caso estaría eufórico. Ése pudiera ser el caso. Pero también pudiera ser el caso que su entorno de trabajo le era familiar y cómodo, y usted estuvo familiarizado con este por años, hasta por décadas. Entonces la situación podría estar asociada con la pérdida de identidad al dejar una situación que era menos que ideal pero tan familiar como el hogar.

Las emociones pasan su factura hasta al más racional de los "pensadores." Las emociones incluyen tristeza, aflicción, furia, resentimiento, temor, ansiedad, parálisis, depresión, pero también alivio, alegría y emoción. Asimilar las emociones puede tomar más tiempo del imaginado. Puede resultar menos cómodo de lo que se pensaba. Puede resultar menos controlable de lo que se creía. Asimilar las emociones es la tercera fase en el manejo de la desilusión, y podrán ser asimiladas si uno sigue adelante y pone los sucesos en tiempo pasado.

Dese la oportunidad de sentir todos sus sentimientos. No deseche ninguno. No piense que es frívolo o indulgente experimentar alguno de estos. Llore si necesita llorar, ría, pisotee fuerte, sienta furia, hasta permítase sentir algo de autocompasión. Es importante permitir que las emociones se desaten y se liberen. Todos los sentimientos son legítimos y debe permitírseles aflorar. Al restringirlos uno también se estará restringiendo para continuar hacia delante.

## EL MANEJO DE LA CRISIS

Owen tenía lo que consideraba una fantástica idea para un nuevo sitio en la internet del cual estaba seguro que funcionaría. Él mismo había sido adicto a la internet desde mucho antes de que se pusiera de moda, de modo que entendía bien todo lo que implicaba. Owen también era un poco adicto a los negocios. Después de documentarse sobre todas esas personas que habían hecho grandes fortunas estableciendo sitios de comercio por internet, él estaba convencido de que también tendría éxito. Renunció a su posición bien remunerada como inversionista bancario, reunió a varios inversionistas privados quienes le facilitaron considerables sumas de dinero para empezar la compañía, alquiló el espacio de las oficinas y contrató personal.

A solo cuatro semanas del lanzamiento oficial del sitio Web, Owen y su personal estaban muy ocupados. Todos estaban llenos de adrenalina y expectativas por lo que fuera a suceder. La atmósfera de las oficinas estaba cargada de emoción.

Cuando el dinero de los inversionistas se agotó, Owen invirtió sus ahorros personales, confiado en que recuperaría su inversión. Cuando ese fondo también se agotó, solicitó un avance de su cuenta de fondos de pensión, confiado en que más adelante no sólo recuperaría su inversión, sino que estaría en condiciones de pagar los intereses.

El sitio fue lanzado y al principio la reacción del público fue vibrante. No obstante, el entusiasmo se empezó a desvanecer con los días, de forma dramática. El número de usuarios que pagaban para utilizar el servicio era menos de un cuarto de lo proyectado. Owen y su personal lo intentaron todo, inclusive invirtieron más dinero en promover el sitio, pero nada funcionó.

Tres meses después del lanzamiento, la compañía de Owen estaba invirtiendo demasiado dinero para mantenerse a flote. La mayoría del personal se había ido en busca de nuevos horizontes y una buena porción de los anunciantes se retiraron. Era claro que Owen no tenía otra opción sino declararse en bancarrota.

Para el momento en que Owen tuvo que firmar el último documento para dar cierre a su negocio se sentía desolado. Había perdido no sólo su negocio sino los ahorros de toda su vida. Había decepcionado a los inversionista que lo habían apoyado, muchos de los cuales eran sus antiguos amigos y colegas en el banco y su propia autoestima había sufrido un revés considerable. Su confianza e ilusión se habían hecho añicos. Se sentía un completo fracaso tras lo cual se sumió en una gran depresión en cuestión de pocas semanas.

Le tomó a Owen varios meses recuperarse del dolor de su pérdida. Con el apoyo de su familia y amigos, empezó a recuperarse de la depresión e inició el lento proceso de comenzar de nuevo. Se dio cuenta de que todavía quedaba mucho por delante y que lo que quería era hacer un borrón y cuenta nueva y regresar a su carrera original como inversionista bancario. Luego, encontró trabajo con un nuevo banco y de nuevo está prosperando. En la actualidad Owen no se lamenta de haber intentado convertirse en empresario. Como él mismo dice, no hubiese descubierto que eso no era para él si no lo hubiera intentado.

Los momentos de oscuridad que Owen experimentó son lo que se conocen como el efecto trampolín. La ley del efecto trampolín dice que entre más bajo llegue usted, más alto puede alcanzar. También conviene tener soportes cerca, de modo que uno no vaya tan lento que no se pueda recuperar. De nuevo la paradoja es permitirse la experiencia plena con la convicción de que nada es irreversible. Como el fénix que se levanta de las cenizas, ocurre una transformación cuando el ser esencial emerge de los despojos de la persona irreal.

Si la vida permite que la crisis sobrevenga, es importante ver las oportunidades, establecer el valor y ver cómo la tragedia presenta cosas no esperadas. La gente que supera la adversidad y los traumas, adquiere lo que se necesita para lograr grandes cosas. La verdadera clave está en recuperarse y avanzar.

## EL PROCESO DE RECUPERACIÓN

*El éxito se mide no cuando usted está en la cima.*
*Más bien se mide cuando usted rebota después*
*de haber tocado el fondo.*
—George S. Patton

Rebotar es el proceso mediante el cual uno lamenta la pérdida, se recupera y comienza de nuevo. Esta es una de las mayores claves para alcanzar el éxito. Los que logran la victoria son los que nunca se rinden.

A medida que aprende a asimilar los aspectos físicos, psicológicos y emocionales de la decepción, usted empieza a sentir que todavía está vivo. Algunas personas piensan que nunca podrán superar un revés y que, de alguna manera, durante el proceso, morirán, porque sienten que es algo que no pueden soportar. Descubrir que uno ha sobrevivido a la experiencia es un asunto importante. A esto es lo que se le llama *estar en el tiempo pre-*

*sente.* Ya no está regresando al pasado una y otra vez pero está listo para "estar" presente aquí y ahora.

El siguiente paso consiste en la noción de que habrá futuro. Considerar el futuro significa que está listo para mirar frente a usted para considerar las opciones que tiene frente a sí. Entonces la creatividad entra en el cuadro cuando se da cuenta de que puede concebir una vida y un plan de vida y que puede hacer que ese plan funcione y que, en consecuencia, puede emprender una acción y otra. Así, empieza a considerar posibilidades en las cuales no había pensado antes y a establecer metas. Todas estas cosas hacen que de nuevo esté de vuelta en el juego de la vida.

Entonces, en algún momento necesitará revaluar si es sabio continuar trabajando en pos de la misma meta que tenía antes o si es mejor formular una nueva. Es posible que también necesite fijar un nuevo curso de acción, uno que esté basado en las lecciones que aprendió de la dificultad y que revise los planes, si es necesario.

Luego de un revés, las metas iniciales no deben ser trascendentales. Deben ser más bien, pasos pequeños e incrementales. Tampoco deben ser pasos en regresión a los buenos viejos tiempos, porque de esa manera sólo estará caminando en círculos y no estará definiendo nada concreto en cuanto a usted. Los nuevos pasos deberán ser pasos que lo encaminen hacia el futuro. Su nuevo futuro hasta puede ser parecido a su pasado, antes de la dificultad. Sin embargo, ahora puede mirar al futuro desde una perspectiva más amplia con el beneficio de la experiencia adquirida.

Y aunque aquellos pasos no sean de gigante, con logros significativos, sus metas van en la dirección correcta. Asegúrese de asignarles el debido valor. Sea cuidadoso en no desacreditarlas o descalificarlas porque éstas no estén al nivel de los logros anteriores. Parte de moverse hacia delante tiene que ver con concederse a uno la libertad de estar en un nuevo nivel de logro, y como afirma el dicho uno debe "ir despacio para poder ir rápido."

A medida que reconstruya su vida, haga una pausa por un momento para agradecer a quienes le han acompañado a hacer frente a los desafíos. No los olvide a medida que gana de nuevo la confianza y se establece en su nueva vida. También es importante que deje de celebrar por el hecho de que atravesó tiempos difíciles y está de nuevo en la ruta de un nuevo futuro.

## APRENDIENDO LAS LECCIONES

*No hay forma de educación que pueda*
*superar a la adversidad.*

—Benjamin disraeli

Los momentos de desilusión y fracaso son formas de preparación que lo ayudarán a vencer los obstáculos y alcanzar las metas. Tales fracasos son el terreno fértil para aprender lecciones de vida valiosas si está dispuesto a aprenderlas. Dichas lecciones no sólo lo moldean como persona sino que indican lo que se necesita aprender para que sus esfuerzos produzcan resultados más fructíferos.

No es fácil aprender lecciones en medio de la desilusión. Usualmente, en retrospectiva uno puede entender por qué ocurrió algo. Pero en medio de la dificultad, la reacción común es preguntarse: "¿Por qué a mí?"

No obstante, es poco frecuente que las personas se pregunten en medio de la tormenta o aún cuando la calma ha venido: "¿Qué se supone que yo deba aprender de todo esto?" Quizás, hacerlo, es esperar demasiado. Con todo, existe la posibilidad de preguntarse a sí mismo después del incidente: "¿Qué puedo aprender de este fracaso?" "¿Cómo puedo crecer a partir de esta experiencia?" "¿Qué aprendí de esta experiencia que no hubiera aprendido de ninguna otra manera?" Al hacerse estas preguntas usted estará poniéndose en una disposición de aprendizaje y crecimiento respecto a todo lo que le suceda en la vida. Ningún fracaso, revés, trauma o tragedia se hará tan trascendental que no se pueda derivar algo de valor que se pueda aprender. Las personas exitosas aprenden de todo lo que les sucede. Se vuelven victoriosos en situaciones donde otros se ven a sí mismos sencillamente como víctimas.

Tal vez una pregunta que puede surgir con frecuencia es: "¿Cómo puedo derivar una lección de provecho cuando en realidad me siento una víctima?" La respuesta es, no lo hará. Usted no podrá poner las cosas en su debida perspectiva mientras esté atravesando por esa experiencia. Usted necesitará ganar cierta distancia antes de que pueda derivar lecciones de provecho. De modo que el primer paso es permitirse a sí mismo experimentar los sentimientos, cualquiera que estos puedan ser. No trate de obligarse a sí mismo a hacerse súper consciente antes de tiempo. Una vez surjan los sentimientos que tienen que venir, vendrá el momento en que estos se disiparán. En ese momento podrá preguntarse lo que puede aprender de la experiencia, podrá, como dice la gente, ver la luz. La mayoría de las personas deriva lecciones sobre la comunicación, la responsabilidad, el perdón y el uso del poder. Y todas las personas aprenden lecciones individuales que son particulares en su propio caso.

- Si desea emprender su propio negocio, aprenderá lecciones de autoconfianza y valor.
- Si está casado, tiene hijos y una carrera, aprenderá las lecciones de los límites y el equilibrio.
- Si tiene varios talentos y la tendencia a saltar de trabajo en trabajo, aprenderá las lecciones de la elección y el compromiso.
- Si ha tenido reveses y decepciones, aprenderá las lecciones de la curación y la fe.
- Si es un perfeccionista de la clase 1A, aprenderá las lecciones de la compasión y de la paciencia.

- Si su compañía se ha reducido o ha pasado por alto promoverlo, tendrá que aprender las lecciones de la aceptación y la autoestima.
- Si es una superestrella y ha tendido hacia la arrogancia, entonces aprenderá las lecciones de la humildad y la entrega.
- Si se le ha presentado una oportunidad extraordinaria, entonces sus lecciones serán sobre la gratitud y el reconocimiento.

Todo el mundo tiene lecciones que aprender, sin importar en qué situación se encuentre en la vida. Si no aprende las lecciones, entonces las situaciones en la vida se repetirán hasta que usted las aprenda.

¿Qué lecciones aparecen en este momento en su mesa de juego?

Las dificultades se presentan. Ese es un hecho inevitable de la vida. Lo que cuenta no es el tamaño, ni el alcance, ni tampoco el impacto de los fracasos. Sea que a usted se le pase por alto en su empresa al momento de nombrar a alguien para ese puesto que ha estado anhelando tener, o sea que pierda un millón de dólares en una subasta oficial, lo que importa al final es cómo registra la experiencia, lo que aprende de ella y lo que hace después con lo que aprendió.

Si se concentra en la pérdida, se quedará estancado. No obstante, si usted aprende de ella, será una oportunidad para seguir adelante y alcanzar el éxito junto con sus sueños más atesorados. De hecho, tal vez llegue a los lugares que podría haber ido si la vida le hubiera presentado todo el camino sin obstáculos. Sin embargo, son los obstáculos los que hacen el viaje interesante y los que afinan sus herramientas para alcanzar el éxito en el futuro.

# OCTAVA REGLA

---

*Administrar los recursos*
*maximiza los esfuerzos*

---

SUS BIENES MÁS ATESORADOS SON SU TIEMPO, SUS ENERGÍAS,
SUS RELACIONES Y SUS FINANZAS. UTILIZARLOS SABIAMENTE
AUMENTA SUS POSIBILIDADES DE ÉXITO.

L a vida es efímera. Los seres humanos estamos aquí por
un breve espacio de tiempo y luego nos vamos. Y aunque
no pueda volver el reloj atrás, sí puede controlar su vida administrando los muchos recursos que están bajo su control.

A todos se nos han dado una cierta cantidad de recursos.
Algunos son intangibles como los talentos, los atributos, las habilidades y las tolerancias. Otros son más tangibles, tales como el
tiempo, el dinero, la energía y las relaciones. Los recursos tangibles
tienen límites, son perecederos; sus reservas se pueden agotar.
Utilícelos sabiamente y todos sus esfuerzos se multiplicarán;
desperdícielos y necesitará redoblar sus esfuerzos para lograr
siquiera la mitad de lo deseado.

El tiempo, las energías, las relaciones y las finanzas, son
elementos que pueden facilitar el éxito o impedirlo. Hasta el
punto en que pueda hacer que estos cuatro elementos trabajen a

su favor, en vez de estar en contra suya, y así logrará maximizar sus posibilidades de éxito.

Piense en la historia de un hombre pobre que se encontró un billete de un dólar. El hombre pensó para sí: "Tengo frío y sed. Creo que me voy a comprar una taza de café." Pero a medida que se acercaba a la cafetería pensó: "Cuando compre el café el dinero se habrá ido." Entonces pensó en las muchas otras cosas que podría hacer con el billete de un dólar.

Cuando estaba pensando en esto, miró abajo y vio un lápiz en el piso. De modo que pensó que si compraba varios lápices, podría venderlos y ya no tener solo un dólar sino dos. Entonces fue a la papelería y compró todos los lápices que pudo con el dólar. Luego fue a la calle y vendió cada uno de los 25 lápices por 25 centavos cada uno. Así logró juntar USD$6.25, tras lo cual repitió la historia. Y a medida que la historia continúa, la moraleja es clara. Usted puede gastar sus recursos o puede cuidar de ellos con discernimiento, de modo que le sirvan de la forma más efectiva posible.

La administración de los recursos es como el Aikido de la vida. Si usted aprende a trabajar con la energía que tiene a su disposición, a equilibrarla, a ajustarla, a trabajar desde dentro de ella, la vida funcionará de manera óptima. Usted irá como dice la gente, "fluyendo".

## LA CLAVE ES LA ORGANIZACIÓN

La organización es una filosofía y un sistema mediante el cual se vive la vida. Es el plano mediante el cual se construyen los varios aspectos de su existencia: la forma como usted vive, la forma como se desenvuelve, las cosas que logra, y finalmente, la forma como se siente respecto a sí mismo.

Cuando usted es organizado puede dirigir sus actividades, sus esfuerzos, y sus energías de forma eficiente. Puede devolverse y evaluar los varios componentes de su vida, determinar las necesidades pendientes y dar los pasos necesarios para alinear sus intenciones con sus esfuerzos. Las cosas funcionan suavemente, porque está preparado y lleva el control de su vida. De hecho, usted va conduciendo su propio barco.

¿Es necesaria la organización para alcanzar el éxito? No. ¿Ayuda de alguna forma ser organizado? Sin ninguna duda.

Piense lo siguiente: Si desease viajar desde Nueva Jersey hasta California, quizás la mejor forma de hacerlo sería aprovisionándose de combustible, conseguir un mapa, pedir que se le hiciera una revisión exhaustiva a su vehículo y emprender el viaje. Si planea el viaje de esa manera, puede concentrarse en los aspectos más importantes, como conducir con seguridad y disfrutar del paisaje durante el viaje.

Ahora imagine cómo sería su viaje si comenzara sin combustible y sin mapa y que el automóvil necesitara reparación. Perdería una buena parte de su tiempo varado al lado del camino pidiendo ayuda o esperando en la oficina del mecánico a que los repuestos llegaran. Ciertamente, eso no sería la clase de viaje ideal.

## PONGA JUNTAS LAS PARTES

Probablemente yo no sea la primera persona que le dice que una vida organizada es algo que vale la pena considerar. Lo más seguro es que haya estado escuchando esto desde que era niño, cuando uno o ambos padres le enseñaban la importancia de mantener ordenada la habitación. También es probable que uno de sus profesores le animara a desarrollar buenos hábitos de estudio llevando registros y planeando las tareas. Sin embargo, muchas personas se resisten a la idea de ser organizadas porque parece aburrido, rígido o falto de espontaneidad.

No obstante, la organización promueve la libertad. Da libertad para crear y producir pensamientos claros. Permite vivir la vida de manera efectiva y productiva. Todo esto en contraste con tener retrasos en las obligaciones, asuntos medio olvidados, presión del tiempo y caos generalizado.

La organización también le permite proyectar una imagen profesional. Lo proyecta como una persona eficiente y en armonía consigo mismo y con su vida, lo cual, por supuesto tiene un impacto directo en la forma como otros lo perciben. La armonía simplemente es más atractiva que el caos. Cuando es organizado transmite una actitud de calma, confiabilidad, madurez y dominio de la situación.

La gente con frecuencia me pregunta cómo me las arreglo para atender todos los aspectos de mi vida sin enloquecerme. Podría parecer demasiado conducir seminarios tanto en los Estados Unidos como en el extranjero, escribir libros, dictar conferencias alrededor del mundo, atender a los clientes corporativos, manejar los asuntos de mis empleados, criar a mi hija y alimentar mi matrimonio. Tal vez era aún más difícil criar a mi hija en una familia monoparental cuando estaba en la universidad. Considerado esto, parecería que yo soy una persona inherentemente súper organizada. Sin embargo, ese ciertamente no ha sido el caso.

Cuando yo era joven, era una de las personas que más posponía las cosas. Como sucede en el caso de muchas personas en esa situación yo necesitaba pasar por una serie de circunstancias antes de reconocer que necesitaba actuar de forma diferente. Como estudiante en la universidad tenía el hábito de estudiar de forma accidentada, pues usualmente esperaba hasta el último minuto, la noche anterior, antes de presentar un examen. Así me quedaba despierta en la noche intentando introducir en mi mente lo más sobresaliente del semestre. Luego, al presentar el examen, olvidaba lo que había repasado y mis resultados eran apenas suficientes para pasar, lo cual me decepcionaba.

En algún momento me di cuenta que me estaba acarreando sin necesidad una tremenda cantidad de estrés y ansiedad, sin mencionar que me estaba engañando a mí misma al no sacar el máximo provecho en mis estudios. Me pregunté si realmente era necesario todo ello y la respuesta fue negativa. ¿Por qué, entonces, lo estaba haciendo? Descubrí que la razón era que me gustaba salir con mis amigos y amigas para pasar un buen rato, en vez de quedarme en casa y estudiar por adelantado. Entonces determiné que la presión, el estrés y el pánico que sentía al final no compensaban los momentos de diversión que pasaba con mis amigos y amigas. Así fue como decidí cambiar mi manera de hacer las cosas. Decidí aprender algunos hábitos provechosos que seguían algunas de mis compañeras de internado quienes podían mantener el equilibrio entre la vida social y las responsabilidades de la universidad. Organicé mi vida de forma tal que pudiera dedicar un tiempo equilibrado a ambas actividades.

En el corazón de la organización reside el equilibrio del tiempo y de las energías. Cuando ambos elementos se hallan en total armonía, la vida encaja y se sincroniza como las piezas de un reloj.

La organización va mucho más allá de los asuntos triviales, como el lugar donde uno deja las llaves. Implica una conexión profunda entre usted y los varios aspectos de su vida. Cuando inicia con el elemento básico de coordinar su tiempo y empieza a tomar decisiones conscientes sobre cómo y cuándo va a invertir sus energías, las partículas individuales de su existencia diaria comienzan a encajar en su debido lugar.

La eficiencia no es de valor alguno por sí sola. Más bien su valor se halla cuando se combina ahorrando tiempo valioso, reduciendo el estrés y teniendo la capacidad de relajarse. Bajo esa línea de pensamiento, la eficiencia es su mejor aliado y una de las habilidades más importantes que usted pueda manejar.

La forma como distribuya su tiempo refleja cuáles son las cosas que más valora. Si tiene muchas metas y aspiraciones, y desea alcanzar el éxito; pero al mismo tiempo desea llevar una vida equilibrada, entonces esfuércese por encontrar la manera de hacer que todas las piezas encajen.

## ADMINISTRE SU TIEMPO

*Tendríamos tiempo suficiente si lo usáramos bien.*

—Goethe

Lo que somos en el presente encapsula cada segundo de vida, desde que uno respiró por primera vez hasta este preciso instante en el tiempo. Y ese reloj de arena continúa contando hasta que hayamos dejado de existir, cuando el tiempo se haya acabado, cuando el juego de la vida termine. Nuestra vida, al final, será la suma total de la forma como hayamos invertido nuestro tiempo.

Muchas personas creen que tendremos que rendir cuentas cuando el juego termine y que la rendición de las mismas tabulará la forma como vivimos la vida. ¿Fuimos parte del problema o de la solución? ¿Hicimos frente a los desafíos o los rehuíamos? En el balance final, las posesiones, el estatus, los extractos bancarios no cuentan. Lo que cuenta es cómo utilizamos el tiempo que tuvimos a nuestra disposición.

Usted cuenta precisamente con el tiempo que se le ha asignado. Ni más ni menos. Como afirma el dicho: "Úsalo o lo perderás." Puesto que su vida consiste en la suma total de decisiones respecto a cómo utilizó el tiempo, tiene sentido considerar que el nivel de éxito que alcance en la vida está directamente relacionado con la forma en que haya utilizado su tiempo. Utilizar el tiempo bien es una habilidad que se desarrolla con la práctica.

Nadie nace con una maestría en el manejo del tiempo. Éste se aprende a través del ensayo y error, y a través de lecciones específicas; algunas indoloras, otras incómodas. Cuando una persona considera su vida, es posible que descubra que en algunos momentos ha utilizado bien su tiempo y es probable también que detecte que ha habido momentos en los que ha desperdiciado el tiempo. Y llevando la idea al extremo, los dos opuestos del manejo del tiempo son la laxitud y el tiempo administrado con estrechez. No obstante, la forma deseable de manejarlo es a través de la elección, el equilibrio y la dirección.

## ¿A DÓNDE SE FUE EL TIEMPO?

Alguna vez se ha preguntado ¿qué pasó con el tiempo? ¿Alguna vez se ha sorprendido al mirar su reloj y ver cuán rápido han pasado las horas? Tal vez alguna vez se haya sorprendido de ver cómo pasó de rápido el tiempo en el lugar de trabajo o lo rápido que transcurrieron las vacaciones. Todo el mundo ha tenido o tendrá esa experiencia en algún momento de su vida. La vida, después de todo, es para vivirla y no para estar vigilando cada momento en el que el reloj marca las horas.

Los momentos en los que uno se olvida del reloj generalmente son momentos en los que uno ha estado entretenido disfrutando de alguna actividad, pero también hay momentos en los que uno se sorprende porque se le agotó el tiempo y no ha podido realizar todo lo que deseaba. El asunto es, ¿se siente usted bien por la forma como utiliza su tiempo o se siente culpable porque siente que el tiempo se le va entre los dedos y no logra hacer todo lo que había planeado?

Si contesta a esa pregunta diciendo que ha utilizado bien el tiempo, ¡felicitaciones! Eso significa que ha podido engranarse bien con su realidad actual y ha podido celebrar los momentos que lo ameritan. Esto me sucedió cuando estuve de vacaciones con mi familia en Australia. Estuvimos montando a caballo en el bosque, admirando las imponentes montañas y disfrutando la experiencia de ver juntos la naturaleza. Al final del día, cuando desmontamos los caballos y miré el reloj me sorprendí de ver que habíamos estado allí durante ocho horas y que el tiempo había volado. Había estado tan presente en cada momento que perdí la noción de los minutos y las horas.

No obstante, si se siente culpable porque el tiempo se le escapa entre los dedos y no logra hacer lo que había planeado, es probable que el asunto del manejo del tiempo exija una revisión. Si es una de esas personas que con frecuencia está de prisa para llegar a tiempo, que envía los proyectos tarde, que se siente presionada y en todo momento está de afán, entonces el tiempo está obrando en contra suya y no a su favor.

Caryn era alguien para quién el tiempo era un problema constante en vez de un aliado. Siempre llegaba tarde a todas partes. Su esposo, sus compañeros de trabajo y sus amigos estaban acostumbrados a que apareciera entre diez y treinta minutos tarde para sus citas. Con frecuencia comía a la carrera y respondía llamadas telefónicas en los buzones de correo tarde en la noche, porque durante el día no podía hallar un momento para hacerlo.

Siempre estaba corriendo alrededor de las 5:25 para poder hacer el envío de FedEx a las 5:30, y con bastante frecuencia enviaba sus trabajos a última hora en la fecha límite. También era común verla correr por los pasillos para llegar a las reuniones de trabajo. No sorprende que Caryn permaneciera agotada en todo momento. En una ocasión dijo que se sentía como un perro obeso intentando perseguir a un conejo; corriendo siempre sin nunca alcanzar el objetivo.

¿Se parece el caso de Caryn al suyo? Si así es, puede continuar en la pista donde está y esperar que de alguna manera milagrosa la situación cambie o puede elegir aprender algunas técnicas que mejorarán su relación con el tiempo de forma dramática.

El tiempo es un elemento neutral. No abriga sentimientos particulares respecto a las personas o a las cosas. Al tiempo no le interesa si está a su favor o en su contra. Minimice su valor y éste se convertirá en una carga o restricción constante. Utilícelo sabiamente y le presentará un lienzo donde usted podrá pintar con posibilidades ilimitadas.

## EL ENLACE CON LA AUTOCONFIANZA

Al final del día, cuando uno se va a dormir y se cubre con sus cobijas, uno tiene la sensación de logro o de decepción; es la sensación de satisfacción o de vacío. Uno se va a dormir con un sentimiento de tranquilidad, satisfecho por la forma como eligió invertir los preciosos momentos durante el día, o experimenta una sensación de intranquilidad que sugiere que uno malgastó algo en una forma que resultó menos que ideal.

Ese sentimiento es algo que se puede controlar. Si planea su día por adelantado, a fin de llevar a cabo todas sus tareas, tendrá al final un gran sentido de satisfacción. Si sus propias disculpas, razones y excusas lo ponen fuera del camino, al final su día no se sentirá muy satisfecho. Si planea lo que quiere lograr cada día y en realidad lo logra, se sentirá como un ganador al momento de irse a dormir.

La cuestión subyacente al manejo del tiempo es esta: ¿Está fortaleciendo los ladrillos del edificio de la autoconfianza o los está socavando? Las leyes de la naturaleza dictan que la energía está en constante movimiento; nada permanece estático. Cada acción que emprenda, cada segundo que utilice, está extendiendo la vida o la está reduciendo.

Pero, ¿qué tiene que ver todo esto con la autoconfianza?

Todo. Porque el asunto subyacente aquí es su amor propio. Cuando usted se va a dormir y se siente un ganador, se siente bien respecto a sí mismo y experimenta una medida de orgullo respecto a su habilidad para manejar los asuntos durante el día. Esos sentimientos pueden contrastarse con las ocasiones en las que está intentando conciliar el sueño, pero su mente está enumerando todas las cosas que quedaron pendientes, todos los asuntos que se olvidaron, y cómo el tiempo no fue suficiente. En esos casos usted se siente incompetente y menos que complacido con sus esfuerzos del día. Ahora bien, si uno junta varios días poco provechosos empieza a perder claridad y su autoconfianza comienza a erosionarse considerablemente.

Considere el caso de Jeff. Jeff tenía grandes planes para su futuro. Recientemente se había graduado de la escuela de artes con notas muy altas y contaba con recomendaciones influyentes. Él sabía que tenía talento y planeaba producir unas cuatro o cinco pinturas para mostrárselas al dueño de una galería de arte que estaba interesado en su trabajo. Como trabajaba en casa, Jeff no tenía un horario definido. Aquello resultó ser una fórmula improductiva para él. Con frecuencia dormía hasta tarde, hacía muy poco trabajo en la tarde y luego salía a cenar con los amigos.

Pasaron varios meses y Jeff descubrió que no había alcanzado varias de las metas que se había propuesto. Se prometió a sí mismo que sería más diligente respecto a sus horas de trabajo. Sin embargo, de nuevo vinieron los retrasos y simplemente no podía cambiar sus hábitos. Al final de cada día se sentía insatisfecho por no terminar ningún cuadro. Pasaban las noches y las semanas y Jeff continuaba creando excusas en su mente respecto a porqué no podía apegarse a un horario. Todas las noches hacía un nuevo compromiso, utilizando las palabras más famosas utilizadas por quienes posponen las cosas, "Mañana voy a comenzar mi nuevo horario." Al día siguiente ocurría lo mismo y el siguiente y el siguiente.

Sin siquiera darse cuenta de ello, Jeff estaba erosionando su propia autoestima. Al incumplir su palabra repetidamente estaba construyendo un registro de auto desconfianza. Y puesto que la forma en que uno se siente respecto de sí mismo en un asunto es contagiosa y afecta la manera como uno se siente en general, Jeff empezó a sentirse cada vez menos seguro respecto a su habilidad como pintor. Estaba creando una autoimagen negativa de sí mismo. Al no hacer lo que prometía respecto a sí mismo, sutilmente estaba manifestando el concepto de que tenía menos valía. Su falta de confianza le estaba comenzando a afectar el resto de su vida.

En ultimas, manejar bien el tiempo tiene que ver con la relación que usted tiene consigo mismo, no con las expectativas de otros. A nadie, fuera del estudio de Jeff le interesaba si él se apegaba a su horario o no. La única persona que se afectaba por las discrepancias entre las palabras y las acciones era Jeff. La confianza de Jeff en sus propias palabras estaba en riesgo. Si uno no puede confiar en sí mismo, ¿qué más puede esperar? Como lo aconsejó Janis Joplin: "No te pongas en riesgo a ti mismo; tú eres todo lo que tienes."

¿Confía en sí mismo con relación a lo que promete que va a hacer? ¿Puede contar con su sentido de compromiso para lograr lo prometido dentro del marco de tiempo en que lo ha anunciado?

Si la respuesta a estas preguntas es afirmativa entonces usted tiene el chip del manejo del tiempo. Si la respuesta es no, necesitará aprender algunas nuevas habilidades. Cambie algunos hábitos y dé los pasos que se necesiten para volver a la condición apropiada de auto desarrollo.

## CONOZCA LAS HERRAMIENTAS

A fin de mejorar su relación con el tiempo puede hacer varios ejercicios. Éstos aumentarán su sensibilidad y le ayudarán a tomar decisiones que a su vez, le ayudarán a manejar el tiempo de forma productiva, efectiva y refrescante.

### El registro del tiempo

El primer ejercicio se denomina el registro del tiempo. Este ejercicio es ideal para las personas que con frecuencia descubren que el día se ha terminado y no saben qué pasó con el tiempo. Si con frecuencia halla que está ocupado en sus deberes pero que los resultados no producen lo que esperaba, pruebe este ejercicio por una semana y vea lo que sucede.

El registro del tiempo requiere que usted tenga disponible a su lado un taco de papel y un lápiz a medida que avanza en las actividades del día. Cada vez que se complete una hora registre la forma como utilizó el tiempo. Por ejemplo, 9:00 – 9:30 organicé los papeles, 9:30 – 10:00 hice llamadas de seguimiento, 10:00 – 10:15 envié faxes, 10:15 me encontré con George, y así por el estilo. Si le resulta más práctico puede registrar la información en su computador. Haga este ejercicio por una semana. Al final de ésta, analice la meta global que tenía trazada para esa semana y compárela con el registro del tiempo. Entonces hágase las siguientes preguntas:

1. A la luz de mi meta, ¿Estuvo cada actividad alineada con lo que deseo lograr?
2. ¿Pude haber utilizado mejor alguna parte de mi tiempo?
3. ¿Desperdicié en algún momento el tiempo o algún esfuerzo?
4. Si yo pudiera repetir esta semana, ¿qué cambiaría?
5. ¿Qué cambios puedo implementar para la próxima semana?

El principal beneficio de este ejercicio es descubrir cuánto tiempo en realidad pasa ejecutando las tareas propuestas y cuánto tiempo piensa que dedica a ellas. Como ocurre cuando las personas se sientan a planear un presupuesto, es posible que se sorprenda al descubrir cuánto tiempo en realidad dedica a realizar una actividad. Este ejercicio le permite evaluar con honradez cómo está distribuyendo su tiempo. De modo que su nivel de conciencia al respecto se acrecienta. Cuando se haga consciente y reconozca la situación real, entonces estará en condición de realizar los cambios que sean necesarios.

## El horario perfecto

El nombre del segundo ejercicio es el horario perfecto. Este ejercicio es similar al anterior en el sentido de que despierta consciencia respecto a lo que se hace con el tiempo y a la duración de cada tarea. Adicionalmente, lo lleva a uno al siguiente nivel, que consiste en visualizar el horario perfecto en comparación con el actual, de modo que uno pueda ver las discrepancias y hacer los ajustes necesarios.

Este ejercicio es ideal para aquellas personas que parecen no poder encajar las cosas que necesitan hacer dentro del horario de sus vidas. Es menos orientado al trabajo y está más sintonizado con la vida. Si usted es una persona que frecuentemente se siente culpable por no atender todos los aspectos de su vida, como la vida de familia o la salud, o si siente que se está perdiendo de los momentos más importantes, haga este ejercicio.

Para realizar este ejercicio necesitará contar con un formato de semana en blanco. Puede conseguir uno en su planeador o imprimirlo de su computador. También puede dibujar uno con una regla y un lápiz. Deberá verse como un horario con siete días, que inician en la mañana y terminan en la noche. Al principio deberá estar libre de citas y otras tareas. En una hoja de papel aparte, escriba todas las tareas, proyectos, clases y citas que tenga y que quiera incluir en su semana ideal. Incluya todas las responsabilidades relacionadas con el trabajo, el tiempo que quiere dedicar a la familia, al ejercicio, a los *hobbies*, al trabajo voluntario y a estar solo (si esta es una opción para usted). Llene la lista a su entera satisfacción.

Cuando termine, asigne cada actividad a una franja de tiempo dentro de su horario perfecto. Comience escribiendo los absolutos, es decir, aquellas responsabilidades o actividades que tengan fijada una cantidad de tiempo definida, partes de tiempo que ya estén establecidas en su vida. Éstas no serán negociables.

Por ejemplo, si sabe que necesita ocho horas de sueño diarias para desempeñarse adecuadamente, registre eso en el horario. Si sabe que debe trabajar ocho horas al día para satisfacer las demandas de su empleo, regístrelo en el horario. Si para su bienestar físico y emocional necesita una hora de ejercicio en la mañana, inclúyala. Si sabe que debe llevar a su hijo al juego de fútbol por tres horas los sábados en la tarde, durante tres meses, incluya eso. No restrinja ninguna de esas cosas fijas en su horario; de otro modo, se estará engañando a sí mismo.

Entonces evalúe cuántas de las horas al día le quedan libres después de haber incluido todas las actividades fijas. En esas horas libres, escriba su visión ideal de cómo le gustaría pasarlas. En otras palabras, llene los espacios vacíos con las actividades "variables." ¿Va a pasar esas horas con su cónyuge? ¿Va a invertirlas en su pasatiempo favorito? ¿Las va a invertir en la lectura? Incluya en su horario perfecto las otras actividades que aparezcan en la lista original.

Una vez hecho esto, se encontrará con una de dos alternativas: Todo cabe bien en el horario perfecto, o no hay tiempo suficiente en su vida para hacer todo lo que le gustaría hacer. Cuando haya completado su horario perfecto mírelo detenidamente y pregúntese cómo se siente. La respuesta pudiera ser ¡Genial! O tal vez: "¡Cansado!" o "¡No queda tiempo para mí!" Si usted se identifica con la última respuesta, entonces necesitará replantear sus opciones originales, replantear la distribución del tiempo o hacer algunos malabares. Ahora viene la segunda parte del ejercicio.

Dibuje, imprima o tome otro horario semanal en blanco y póngalo al lado del horario perfecto original que ya había llenado. Llene ese horario con las actividades en las que participa en la actualidad. Al final de la semana compare el horario perfecto con el horario actual y observe que discrepancias existen. Si los dos horarios casan perfectamente, ¡felicitaciones!

Sin embargo, si hay discrepancias, puede haber ocurrido una de varias cosas. En primer lugar, puede que descubra que las opciones originales respecto a la distribución del tiempo no cuadran con su definición de una vida ideal. Es posible que quiera modificar la distribución en los bloques de tiempo. Quizás descubra que le molesta tener que pasar todo ese número de horas en su lugar de empleo o que no quiere renunciar a poder ir un día a la semana a las clases de tenis. Si este es el caso, tendrá que atender un asunto en relación con su manejo del tiempo y un esquema de dirección en la vida que deberá considerar. Si este es el caso, revise la tercera regla, y observe cuidadosamente lo que debe hacer.

Por ejemplo, Albert era gerente de una firma de consultoría en el cuidado de la salud en Suiza. A él le gustaba lo que hacía y se sentía a gusto con su equipo de trabajo. Él estaba a cargo de todos los recursos de la compañía, lo que incluía videos, libros, periódicos y toda la infraestructura de internet. Después de revisar los resultados de las pruebas de Albert comenté que debería ser muy difícil para él tener un momento de soledad durante el día, aparte de que las pruebas revelaron que era una persona muy extrovertida. Su respuesta fue: "Para mí no es un problema." De modo que yo fui un poco más al fondo y dije: "A las diez y quince voy a tomar café con algunos colegas; luego a las doce voy a almorzar con otros compañeros, a las tres voy a tomar café con otras personas y a las cinco me uno a otro grupo para disfrutar de unas bebidas." Yo le pregunté cómo hacía para cumplir con su trabajo, y me dijo que ése era precisamente el problema porque no había tiempo. Él tenía que hacer todo su trabajo en la noche, porque las horas del día estaban todas ocupadas. Esto le estaba causando mucho estrés porque no quedaba mucho tiempo para dormir y se sentía cansado todo el tiempo. Es probable que Albert hubiera tenido mejores perspectivas en un trabajo de mercadeo donde se le pagara por hablar y conocer gente durante todo el día. Como gerente de recursos de comunicaciones estaba en propósitos cruzados con él mismo, y para satisfacer sus necesidades estaba poniendo en peligro su trabajo.

Otra cosa que puede crear discrepancias es dedicar mucho tiempo a agradar a otros en vez de a sí mismo. Preste atención a sus propias explicaciones de por qué no hace todas las cosas que quisiera. Observe si la justificación suena como si otras personas tuvieran el control de su tiempo. Considere si decir "no" sea algo que necesite aprender. Algo que puede ayudar es tener límites definidos. Tal vez necesite aprender a ser directo con quienes tienden a consumir su tiempo. Primero, atienda sus tareas y proyectos, luego, estará en condiciones de ayudar a otros.

Graham era lo que muchos llamarían adicto al trabajo. Él era excelente trabajador, leal, responsable, dedicado y un experto en su campo. El único problema era que en su vida personal estaba sufriendo. Graham amaba a su esposa y a sus hijos, pero ese no era el problema. El problema es que era demasiado complaciente. Las conversaciones que podían durar cinco minutos se extendían a veinte. A veces la gente pasaba a su oficina para saludarlo y él no era capaz de decirles que estaba ocupado en el momento porque tenía que entregar un proyecto antes de una fecha límite. Era demasiado amable y cortés. Su hospitalidad de sureño actuaba en su contra pues en ocasiones tenía que quedarse hasta muy tarde en la oficina para poder concluir el trabajo que no había podido completar durante el día.

Con deficiencias de sueño, falta de ejercicio y muy poco tiempo con su esposa e hijos, el mundo de Graham empezó a tambalear. Cuando él vino a mi taller de negociación interna se quedó mudo al descubrir que una de sus grandes fortalezas era también una de sus grandes debilidades: dar generosamente de su tiempo. Graham resolvió hacer algunos cambios, sin importar cuán incómodos pudieran parecer. Algunos de los cambios importantes que necesitaba implementar eran aclarar el propósito de las reuniones, aprender a sortear las visitas inesperadas en la oficina, manejar apropiadamente a los "consume tiempo" y estar dispuesto a decir "no." Por supuesto el cambio de Graham no fue de la noche a la mañana. Necesitó algún tiempo de práctica para modificar su comportamiento. Con el tiempo, sin embargo, él pudo integrar su nuevo set de comportamiento en su conducta habitual. Poco a poco fue estableciendo límites y condiciones, y su vida ahora ha vuelto a estar bajo control.

Pregúntese qué aspecto de su vida desea cambiar. Con un poco de meditación podrá establecer qué partes de su horario perfecto pueden reemplazar actividades de su horario actual con las cuales no se sienta plenamente a gusto.

Una vez haya hecho esto, necesitará establecer su plan de juego para reacomodar su horario. Puede resultar difícil, pero tal vez pueda eliminar actividades que le estén robando preciosos minutos. Mueva las partes del rompecabezas hasta que todas cuadren. Recuerde, sólo contamos con veinticuatro horas, ni más ni menos que eso. De modo que sea realista y analice cómo utilizar su precioso tiempo.

### El gráfico de porcentajes

Otro ejercicio para el manejo del tiempo es el del gráfico de porcentajes. Es lo mismo que el ejercicio del horario perfecto, excepto que utiliza porcentajes en vez de líneas.

Yo encuentro que este ejercicio resulta bastante útil para personas que pueden manejar fácilmente los conceptos numéricos en su mente. El ejercicio funciona de la siguiente manera: Tome dos hojas de papel. Dibuje en cada hoja un círculo tan grande como quepa en el papel. Tome una tercera hoja de papel y haga una lista de todas las responsabilidades, proyectos, tareas y prioridades en las cuales dedica su tiempo. La lista puede incluir categorías genéricas, como por ejemplo, trabajo, familia, vida social, experiencias culturales, actividades espirituales, educación, servicio comunitario, deportes, ejercicio y tiempo libre. Incluya cada categoría que ocupe su tiempo.

Una vez que haya completado la lista, asigne porcentajes a cada elemento. Los porcentajes deben poder sumar cien por ciento, al final, ni más ni menos. A continuación tome uno de los círculos y dibuje el gráfico de acuerdo con los porcentajes. El gráfico reflejará su realidad actual. Luego, tome la misma lista, dibuje una línea vertical en la página y asigne nuevos porcentajes a las categorías asignando la cantidad de tiempo ideal a cada elemento. En seguida tome el segundo círculo y distribuya el círculo con el segundo conjunto de porcentajes. Este segundo círculo representa la asignación de tiempo ideal en esta etapa de su vida.

Compare los dos círculos y pregúntese qué se necesitaría para que su realidad actual se transforme en su situación ideal. El propósito de este ejercicio es ver la diferencia entre los dos círculos y trazar un plan que iguale los porcentajes entre las cosas que son y las que deberían ser.

Los tres ejercicios, el registro del tiempo, el horario perfecto y el gráfico de porcentajes, están orientados a producir el mismo resultado, a saber, tomar conciencia de la forma como se utiliza el tiempo en la actualidad e identificar lo que a uno le gustaría que fuera diferente, para darse la oportunidad de negociar entre las dos posibilidades. Cuando haga los ajustes necesarios, sabrá lo que se experimenta al terminar el día e irse a dormir, sabiendo que ha tenido un buen día y ha logrado mucho bien.

## CULTIVE SUS RELACIONES

*Mientras más damos a otros, más poseemos nosotros.*

—Lao Tzu

En el tapiz de quién es usted se teje toda relación que hay en su vida. Las relaciones interpersonales son los lazos de unión con la red humana a su alrededor. Cada relación en su vida implica una inversión de tiempo, de energía y de entrega de sí mismo. Y cada una de estas extensiones tiene un tentáculo invisible conectado a usted. Las relaciones interpersonales pueden convertirse en un problema o pueden ser una fuente de soluciones; pueden infundirle energía o pueden dejarlo agotado; pueden enriquecer su experiencia o empobrecerla. Así pues, la forma como interactúe con cada persona influirá en su bienestar general.

Quien quiera que sea la persona, su jefe, colega, compañero, subordinado, cliente, o miembro de su equipo de apoyo, si la persona se relaciona con usted, él o ella consume un cierto grado de su esencia. Si la relación resulta funcional o disfuncional, temporal o permanente, eso dependerá de usted. Deberá permanecer al tanto de lo que ocurra entre ustedes dos. Es importante que le diga a esa persona lo que es su verdad y que esté al tanto de cómo esa relación afecta su vida. Usted puede contribuir al bienestar de la vida de las personas con las que entra en contacto y también puede crecer a través de quienes se relacionan con usted.

La gente alrededor de su vida puede ser su recurso más abundante. Puede obtener apoyo de ellos, adquirir sabiduría y aprender lecciones valiosas. También puede llegar a aprender el verdadero significado de la palabra reciprocidad y refinar sus habilidades como persona que escucha, que apoya, que lidera y que sirve. Sea de forma positiva o negativa, cada relación genera una riqueza de conocimiento, así como muchísimas oportunidades de crecer.

## JEFES Y MENTORES

Usted puede obtener sabiduría y entendimiento de sus superiores. Es posible que ellos puedan servir como modelo de la forma como usted quiera progresar. Ellos pueden servir como mentores admirables o como advertencias silenciosas de lo que *no* se debe hacer, si resulta que su comportamiento es improductivo o desagradable. Curiosamente los jefes difíciles a veces son los que proporcionan las mejores lecciones.

Por ejemplo, Pam trabajaba como publicista para un ejecutivo en la industria de la moda que tenía fama de exigente y difícil. Su jefe, Walter, era un visionario brillante, y con ello venía un comportamiento impredecible, cambios de humor extremos y frecuentes expectativas exageradas. En un momento podía estar felicitando a Pam por su buen trabajo en algún proyecto y enseguida podía estar presionándola y haciendo una tormenta en la oficina. "Estamos entre la espada y la pared. ¿Por qué no estuviste al frente de esto?"

Existe una teoría que afirma que tener un jefe difícil constituye uno de las mejores experiencias de entrenamiento en la vida, y en el caso de Pam, esto definitivamente era cierto. De esta relación en particular, Pam aprendió muchas lecciones valiosas que contribuyeron a su éxito futuro. En primer lugar, ella aprendió a ser ultra receptiva y a mantener su postura, cualidades que siempre es bueno desarrollar. En segundo lugar, desarrolló paciencia y tolerancia aprendiendo a tratar con personas cuyos egos eran muy elevados. En tercer lugar, y quizás lo más importante, ella presenció comportamientos que juró nunca reproducir cuando alcanzara una posición de autoridad en el futuro.

Ruth, por otra parte, tiene una experiencia totalmente opuesta. Ella trabaja para Lorna, la vicepresidenta de comunicaciones de un conglomerado. Lorna dirige un equipo de profesionales altamente calificados. Ella es brillante, talentosa, orientada a los resultados e interesada en el bienestar y la felicidad de su grupo. Con frecuencia convoca reuniones de departamento para evaluar cómo está cada uno, en términos de progreso y niveles de estrés, y anima a sus empleados a pedir lo que necesiten para que puedan realizar su trabajo. Ella presta atención a los detalles personales, tales como nacimientos y matrimonios, y por supuesto, a logros profesionales, tales como ascensos y aniversarios empresariales. Lorna da reconocimiento a su personal por los logros particulares que obtienen a nivel personal, les agradece con frecuencia por su buen trabajo, se encarga de los temas difíciles cuando es necesario, y suministra retroalimentación de forma positiva. Como resultado de todo esto el equipo de Lorna siente su energía positiva, y como lo expresa Ruth, la mayoría "caminaría sobre brasas ardientes por ella."

Al observar a Lorna, Ruth aprendió a realizar un trabajo de excelencia a la vez que cultivaba las relaciones interpersonales. Con frecuencia ella le pedía consejo a Lorna sobre cómo manejar asuntos difíciles y escuchaba cada observación de ella con oídos abiertos. Ruth tomaba a Lorna como modelo y de ella aprendió la importancia de tratar a la gente con dignidad y respeto.

No todos los jefes son mentores y no todos son una entidad maligna como se representaba en la tira cómica de "Dilbert" y en la comedia de televisión. Algunos jefes se encuentran en medio de los extremos. No obstante, siempre tendrá la oportunidad de desarrollar una relación con su jefe, en la que no sólo su carrera progrese sino que también amplíe sus habilidades para la vida.

## LOS COMPAÑEROS DE TRABAJO

Los compañeros de trabajo o colegas son como los hermanos de una familia. Por ejemplo, si son miembros del mismo equipo de trabajo, habrá ocasiones en las que estén en franca competencia, pero también, habrá oportunidades en las que trabajen juntos para el bien común. Las relaciones con los compañeros de trabajo están entre las más importantes que se deben cultivar. Sus colegas son las personas en las cuales usted tendrá que confiar, apoyarse y trabajar en equipo, a fin de alcanzar el éxito.

Si usted tiene colegas, eso significa que trabaja en un entorno empresarial, y si eso es cierto, significa que debe regirse por ciertas políticas. El secreto para navegar en el laberinto de la normatividad consiste en mantener integridad, hacer el trabajo con excelencia y mantener relaciones saludables con los que le rodean.

¿Es usted un apoyo para sus compañeros de trabajo? ¿Los felicita, celebra sus logros y reconoce sus resultados? ¿Está dispuesto a dar una mano cuando ellos lo necesitan y manifiesta empatía cuando las cosas no salen bien?

O, por el contrario, ¿ve a sus compañeros de trabajo como escalones? ¿Practica la competencia desleal? ¿Es usted uno que le gusta esparcir noticias negativas por los pasillos o hasta chismes?

Arnie comenzó en la sala de envíos de correspondencia. Era ambicioso, enfocado y determinado. Dedicaba su tiempo libre a aprender informática, escogió a sus mentores con inteligencia y no desperdiciaba un minuto. Aprendió a ser recursivo a medida que empezó a subir por la escalera corporativa. Hizo grandes avances y cada año lograba aumentos y promociones. Su ascenso era estratégico a la vez que meteórico. Sin embargo, había algo que le faltaba: gratitud.

A medida que Arnie veía oportunidades, las aprovechaba. No obstante, cuando la gente ya no le era de ninguna utilidad, la desechaba enseguida. Al principio, la gente de la compañía lo consideraba motivado. Pero con el tiempo la percepción empezó a cambiar y comenzaron a verlo como un manipulador experto.

Mientras más poder y prestigio obtenía dentro de la organización, más evidente se hacía su oportunismo. No le importaba gritar a alguien hasta el punto de descomponerse. En ocasiones utilizaba a su asistente para adelantar asuntos personales. Hasta llegó al punto de decirles a algunos empleados que ellos no eran dignos del salario que devengaban. Y hubo individuos que tuvieron que acudir a terapia después de trabajar estrechamente con él. La gente se preguntaba si quizás Arnie tenía algún desequilibrio químico en su cabeza o si era inestable, pero los que lo conocían bien sabían que lograba sus objetivos sin importar los medios. Las personas se convertían en los peones de su juego y él los utilizaba al máximo para después desecharlos.

Con el tiempo, Arnie quedó atrapado en el juego cruzado de una fusión corporativa; cuando todo terminó, Arnie no tenía puesto. Después, en la calle y sin trabajo, trató de reanudar los contactos con sus antiguos colegas. Pero los recuerdos de cómo los había tratado habían trascendido en el tiempo y ahora, era Arnie quien tenía problemas para pasar más allá del vigilante de la puerta. Así, Arnie descubrió la vieja y conocida verdad sobre la ambición: Es importante recordar que uno ve a la misma gente cuando va cuesta abajo que cuando va en ascenso.

En relación con los colegas, recuerde la regla de oro. Ellos pueden ser grandes recursos o pueden ser sus piedras donde tropiece, y eso dependerá de cómo los trate usted.

## LOS CLIENTES

Los clientes son el pan y la mantequilla de todo negocio. Ellos necesitan ser tratados como recursos valiosos, porque sin ellos, todo lo que uno tiene es un producto o servicio que nadie utilizará.

Cuando se trata de la venta de servicios, el factor humano es tan importante como la venta. Todo el mundo ha tratado alguna vez con el vendedor que es su mejor amigo antes de concretar la venta, pero una vez la tarjeta de crédito ha pasado por el datáfono, ya ni se acuerda de quién es uno. Tales comportamientos son fácilmente detectables y el voz a voz corre con rapidez. Si uno quiere ser conocido por su ética y autenticidad, entonces debe enfocarse en que sus clientes y compradores consigan lo que quieran, no lo que uno tiene para vender.

Si usted quiere descubrir lo que sus clientes necesitan, debe escucharlos con atención. Lo que diferencia a quienes están comprometidos con el servicio de los vendedores es que los primeros se enfocan en los deseos de los clientes, en sus necesidades y en sus preocupaciones. El vendedor sobresaliente es aquel que es honesto y le informa a su cliente cuándo cierto producto no es lo que la persona está buscando. Aunque la persona no cierre su venta ese día, usted nunca olvidará su integridad. El recuerdo quedará en la memoria y es probable que otro día usted quiera volver para recibir otra dosis de verdad que posiblemente se convierta en una venta considerable.

Hay libros excelentes que enseñan mucho sobre la correcta interacción con los clientes. Y puesto que este es un tema bastante amplio, voy a limitarme a compartir una cita maravillosa de Mahatma Gandhi, la cual considero que resume la esencia del servicio al cliente.

Yo nunca me imaginé que Gandhi pudiera proponer algo que fuera aplicable directamente al servicio al cliente, pero cuando mi hermana estuvo de visita en la India y fue a su casa, encontró esta cita suya. Personalmente creo que el mundo sería un mejor lugar en el cual vivir si cada uno de nosotros, sin importar nuestra ocupación, se apropiara de estos principios:

> *El visitante más importante que podemos tener es un cliente. Él no depende de nosotros. Nosotros dependemos de él. Él no constituye una interrupción para nuestro trabajo, es el propósito de éste. Él no es un extraño para nuestro negocio, es parte de él. Nosotros no le hacemos un favor al servirle. Él nos está haciendo un favor al darnos la oportunidad de servirle.*
> —Mahatma Gandhi

## MANERAS DE CULTIVAR NUESTRAS
## RELACIONES COMERCIALES

Los seres humanos somos creaturas sociales. Sin embargo, la mayoría de nosotros necesita de entrenamiento para interactuar eficazmente con las personas en los tratos comerciales. A continuación encontrará ocho sugerencias sobre cómo manejar estas relaciones de modo que ambas partes logren el objetivo de sus aspiraciones.

1. **Siempre cumpla su palabra.** Se dice que uno es tan bueno como lo sea su palabra. Cumplir las promesas y hacer lo que uno ha dicho que hará es lo que hace que uno se gane la confianza de otros. Si se le conoce como una persona confiable, eso atraerá más negocios, y hará que se dignifique su reputación y que se gane el respeto de quienes trabajan con usted. Usted también se sentirá más a gusto consigo mismo y por ende se sentirá naturalmente más inclinado a lograr su mejor potencial en la vida. Cumplir con lo que uno ha prometido deja a otros saber que pueden contar con uno y fortalece el amor propio.

2. **Demuestre su aprecio por los demás.** Asegúrese de agradecerles su buen trabajo, su apoyo o guía. Agradezca tanto con palabras como con hechos. Decir "gracias" es un buen comienzo, sin embargo, siempre se necesita más que eso. Preste atención a la reacción que usted causa cuando agradece. Si el agradecimiento verbal no resulta suficiente, usted lo sabrá. Entonces decida qué se puede necesitar. Quizás un reconocimiento en público, flores, un aumento o un bono deje muy claro cómo se siente usted. No de todo por hecho. Reconozca la contribución de cada persona y agradezca el papel que han desempeñado en el adelanto de sus logros.

3. **Vaya una milla extra.** Si usted hace esto, aún cuando el beneficio no sea directo o inmediato, estará siguiendo el "proceder

correcto." Hacerlo no sólo generará buenas intenciones y le hará sentir mejor sino que acumulará buenos fondos en el banco del karma personal. Recuerde: lo que se siembra es lo que se cosecha.

4. **Trate a otros con respeto.** Escúchelos cuando hablen. Llegue a sus compromisos a tiempo. Sea receptivo y oportuno con las llamadas telefónicas, los faxes y correos electrónicos. Considere las necesidades de la gente, no las suyas solamente. Trate a las personas con la consideración necesaria.

5. **Perdone cuando sea necesario.** Perdone los errores. Practique la empatía y la compasión. Tenga en cuenta que la gente siempre quiere lograr su mejor desempeño y comportarse de la mejor manera, de modo que sea comprensivo con los errores que se cometan.

6. **Reconozca al ser humano que hay en cada persona.** Demuéstrele a sus compañeros de trabajo que usted se interesa en su bienestar. Interésese e involúcrese con sus victorias y desilusiones. Mi madre siempre dedicó tiempo a preguntar por el bienestar de las familias de las personas que se relacionaban con nuestra familia. El carpintero, el policía, la mujer de la limpieza, todos ellos fueron siempre tratados con respeto, preocupación e interés genuino. Como resultado, todos ellos estaban dispuestos a avanzar con ella una milla extra. Dentro de cada persona, sin importar su título o actividad, moran todas las facetas del ser humano. Si por su parte, las personas se sienten valoradas como tales, ellas se convertirán en un recurso valioso, no sencillamente en compañeros de trabajo.

7. **Dé consideración a los detalles.** Haga que para la gente sea agradable tener tratos con usted. Remueva los obstáculos. Haga amable la vida de las personas despejando del camino las piedras con las que pueden tropezar. Escuche sus necesidades y deseos. Practique lo que compañías como Amazon.

com hace y preste atención a lo que sus clientes compran. Luego haga recomendaciones útiles con base en esa información. Construya la lealtad y la confianza, las cuales, a su vez, harán que su negocio crezca.

8. **Comuníquese eficazmente.** Sea claro respecto a sus expectativas. Exprese sus preocupaciones cuando sea necesario. Pida lo que necesite.

La mayoría de las personas no pueden leer la mente. Sea claro con respecto a sus intenciones, deseos y necesidades. Pida de otros lo mismo a cambio. Ahorra tiempo y esfuerzo cuando usted consigue la información correcta desde el principio.

## CONSERVE SU ENERGÍA

*Vivir en pureza y equilibrio es el mejor*
*bien para usted y para el planeta.*
—Deepak Chopra

Por nuestro cuerpo fluye una fuerza de vida. Ésta es nuestra conexión con la gran fuente universal de energía que influye en todas las criaturas vivientes. La energía de esta fuerza de vida varía, dependiendo de cuánto de ella gasta usted y cuánto de ella reabastece.

La energía es el combustible de la vida. Es difícil verla o escucharla, pero sin lugar a dudas su presencia o ausencia puede sentirse. Todos necesitamos energía para alcanzar el éxito. Es esencial para tener agudeza mental, aguante físico y estabilidad emocional. Sin energía es imposible ir tras las metas y alcanzar el éxito. La forma en que usted la genere y la utilice, así como la frecuencia con la que la renueve, tiene una influencia directa en sus posibilidades de triunfar.

## MANTENGA EL EQUILIBRIO

Seguramente ha escuchado el cliché de lo que el trabajo sin juego puede hacer a una persona. Sin embargo, más que hacer monótona la vida puede tener un impacto en su bienestar físico, emocional y espiritual, sin mencionar el efecto en la productividad.

Existe el trabajo duro. Pero una cosa es trabajar y dar el 100%, y otra muy distinta pedirle al universo un 15% de reservas adicionales a lo que se le ha dado. Es verdad que de vez en cuando se podrá sobregirar en el consumo de energía, pero si lo hace con demasiada frecuencia o no compensa el préstamo, sus esfuerzos se verán disminuidos.

Los esfuerzos excesivos implican más que el cansancio físico, aunque el último hace parte del primero. Envuelve un desgaste emocional cuando uno da más de lo que puede reponer. Encierra un deterioro espiritual cuando uno descuida alimentar su alma. Se genera un sentimiento general de apatía y de falta de motivación, lo que inevitablemente conduce a sensaciones como "Y, ¿para qué es todo esto?" Cuando uno se esfuerza más allá de lo que es razonable, fácilmente puede perder de vista su propósito.

Thomas era un ministro episcopal con una congregación de unos 250 feligreses. Cada semana pronunciaba sermones, visitaba a los enfermos en el hospital, conducía servicios fúnebres y trabajaba con la junta para administrar la iglesia. En todo momento era solicitado, puesto que las crisis espirituales no conocían límites.

Con frecuencia la esposa de Thomas, Penny, le insistía que debía tomarse un descanso para recuperar energías. Observaba a Thomas suministrar guía espiritual manteniéndose él mismo en un estricto régimen de trabajo interrumpido por breves intervalos de sueño. A medida que los meses transcurrían Thomas empezó a verse agotado y decaído, y a sentirse irritado con su esposa y sus dos hijos. Con el tiempo las migrañas convencieron a Thomas que hasta los ministros necesitan cuidar de sí mismos si han de servir a sí mismos, a los demás y al universo entero.

¿Cómo puede uno saber si ha perdido el equilibrio? Es muy fácil. Si al levantarse uno se siente igual de cansado a como se fue a dormir, si se siente consumido durante el día o se enferma con frecuencia, todo ello son señales de que necesita cuidar mejor de sí mismo en sentido físico. Si se siente cargado, con un nivel de presión mayor al normal, o siente poca motivación, tal vez, la batería emocional esté desgastada. Si con frecuencia uno se está preguntando por qué está haciendo las cosas, entonces necesita cargar su reserva espiritual. Si empieza a pensar en dejarlo todo atrás e irse a una isla desierta, esa es una clave de que hace mucho tiempo está necesitando unas vacaciones.

Preste atención a esas señales. Ellas le están indicando lo que debe hacer.

## USE SU ENERGÍA SABIAMENTE

Todo lo que haga necesita energía. Cada acción que emprenda, cada pensamiento que abrigue y cada emoción que sienta, demanda un gasto de este precioso recurso. Si está al tanto de cuanta energía invierte en cada cosa, podrá estar en condiciones de elegir cómo desea utilizar esa energía.

La energía nunca se queda fija en un sitio, siempre cambia de lugar. A dónde vaya y cómo se invierta dependerá de usted. Para hacer un buen uso de su energía usted deberá conocer qué es lo que mejor funciona en su caso. Necesitará determinar qué elementos lo energizan y qué elementos le restan energía, y tomar decisiones al respecto.

Resulta agotador invertir el tiempo en lugares y circunstancias que no sean de su agrado. ¿Cómo se siente usted cuando regresa a casa después de haber asistido a un evento al cual "tenía que ir" en contraste con un evento al que a usted le entusiasmaba asistir? Supongo que menos que energizado.

De forma similar, puede ser fatigante pasar tiempo con personas que no vibran en frecuencias compatibles con las suyas. Aquellos que sólo hablan de sí mismos y aquellos que demandan su atención todo el tiempo. Sin duda, una tarde con esa clase de personas puede parecer toda una eternidad.

Esto no quiere decir que siempre pueda elegir las cosas que quiere hacer o rodearse de las personas que lo hagan sentir bien. Eso sucedería en un mundo perfecto, pero en la realidad uno necesita entrar en contacto con personas que consumen su energía. La clave es mantener ese tipo de experiencias al mínimo, de forma tal que pueda ahorrar energía valiosa para las cosas que lo hagan sentir vivo.

A veces la energía se puede agotar de forma inesperada. Preocuparse por una persona o evento puede agotar sus reservas. Sea que lo sepa o no, demorarse en atender la lista de cosas pendientes desgasta energía. Pueden ser cosas como completar proyectos, resolver asuntos o atender problemas. Tales asuntos acaparan su interés, por lo cual, necesitan atención. Si usted no despeja esos pensamientos, estarán repicando insistentemente en los rincones de su mente. Continuarán ocupando el trasfondo de su mente y terminarán eclipsando otros asuntos de interés.

No hace mucho, estaba escribiendo y debía terminar mi escrito antes de cierta fecha. Al mismo tiempo estaba organizando un viaje de negocios y preparando a mi hija Jennifer para ir a la universidad, todo al mismo tiempo. Aunque ninguna cosa de estas de por sí lo desgastan a uno, me estaban agotando al tenerlas todas juntas en la mente simultáneamente.

Las emociones no expresadas o no procesadas son otra fuente de fuga de energía. Son esas cosas que uno no atiende y que perduran en la mente, escondiéndose entre las sombras, desgastando lentamente las reservas. La pérdida, la desilusión y la furia no expresadas pueden sobrecargarlo a uno. Estas cosas impiden que uno viva en el presente. Si usted descubre que ese es el caso, reconocer que la emoción no expresada existe es el primer paso para la recuperación. Atienda esas emociones y libere su reserva de energía.

Aquí es donde las técnicas de hacer listas y programar el día resultan útiles. La estrategia consiste en plasmar los pensamientos en el papel. Así, se conserva la energía que de otro modo se invertiría en tratar de recordar todas las cosas que se tienen que hacer. Adicionalmente, la meditación constituye una manera excelente de aclarar la mente y liberar pensamientos y sentimientos continuos que pudieran estar desgastándolo a uno. Si los pensamientos o las ideas son verdaderamente importantes, escríbalas. Si no lo son, deséchelas y siga adelante.

Todo este asunto de la energía, en últimas, intenta hacer que vea su vitalidad como un recurso valioso y que pueda tomar decisiones de acuerdo con sus prioridades. Si se desgasta en pensamientos confusos, en sentimientos no procesados y en las personas que absorben más de lo que aportan, no le quedarán reservas de energía para invertirlas en aquello que le trae felicidad.

## REABASTEZCA SU ENERGÍA

Un vehículo sin energía no funciona. La energía, como el tiempo, es un recurso limitado y valioso. La diferencia entre la energía y el tiempo es que la primera puede ser reabastecida. Usted siempre podrá obtener más energía si va y se aprovisiona de ella.

Con alguna frecuencia he escuchado a algunas personas decir que sencillamente no tienen el tiempo o la oportunidad de recargar sus baterías. Hay demasiadas cosas para hacer, demasiadas llamadas que contestar, mucho que leer y escribir, muchos números por asimilar, como para encontrar un espacio de tiempo libre para revitalizarse. Sin embargo, reabastecer las energías no es un lujo, es una necesidad. ¿Cómo puede uno avanzar si no tiene combustible? ¿Cuán lejos puede llegar uno?

El ejercicio, el sueño y el alimento nutritivo son rejuvenecedores naturales universales. Sin embargo, más allá de eso, cada persona es única y se revitaliza a su propio modo. A usted le corresponderá decidir cómo revitalizar su mente, su cuerpo y su espíritu.

¿Cómo recarga, regenera y restaura su energía? ¿Lo hace leyendo novelas, practicando yoga o jugando con su mascota? ¿Se siente renovado con una puesta de sol, con la esencia de lavanda o vainilla, o con el delicioso sabor de un bombón de chocolate o un helado? ¿Se siente usted en paz cuando medita o cuando da un paseo en bicicleta, o sencillamente cuando trabaja en su jardín? Esté alerta a los entornos que lo restauren y rejuvenezcan, y también a los que lo agoten.

Utilice al menos uno de esos regeneradores cada día. Examínese a sí mismo, preste atención a las señales que le indiquen que su energía se está agotando y proceda a recargarla. Las señales pueden ser la fatiga, el estrés, también pueden tomar la forma de un dolor de cabeza o falta de motivación. Esté atento a las señales y pistas. Y sobre todo, cuide de sí mismo. Asegúrese de poder estar lo suficientemente saludable para disfrutar la vida remuneradora y satisfactoria que está creando.

Si descubre que se está escudando en excusas de que no tiene tiempo para restaurarse, recuerde que su cuerpo es todo lo que usted tiene. Porque al fin de cuentas, si usted no recarga sus energías, ¿quién lo hará por usted?

## ADMINISTRE SUS FINANZAS

*Cuando usted empieza a respetarse a sí mismo,*
*a quienes ama y lo que tiene, el resultado es*
*que empezará a tener control sobre su dinero. Lo que sigue*
*a continuación es control sobre su vida.*
—Suze Orman

Las finanzas se parecen al tiempo. Sea que usted esté consciente de ello o no, el dinero se va. Y se va a algún lugar. De modo que las preguntas que surgen son, ¿sabe usted adónde se va su dinero? ¿Controla usted la forma como se gasta su dinero? No hay respuestas "correctas" a estas preguntas. Sólo hay decisiones y consecuencias.

Maggie, la hija de un amigo mío, tuvo su primer trabajo como salvavidas en un campamento local de verano. En un espacio de tres meses ganó USD$1.600. No obstante, al final del período no le quedaba nada de su duro trabajo. Cuando su madre le preguntó qué había pasado con el dinero, su respuesta fue: "Yo no sé." Luego, al pensar en la pregunta, dijo: "Gasté el dinero en café, bebidas, comida, cine, CD, maquillaje, zapatos y regalos para los amigos." A continuación su madre le preguntó si había pensado en ahorrar algo de dinero para el futuro. Ella contestó con franqueza: "No."

Después de esta conversación, quedó claro para mi amiga que había pendiente una conversación sobre el uso del dinero. No era que estuviese del todo mal que Maggie hubiese invertido su dinero en entretenimiento o moda, pero el asunto era que posiblemente ella estaba estableciendo de forma inconsciente un patrón de vida de ganar y gastar, que no era el más prudente a largo plazo. También subyacía la pregunta de adónde se había ido el dinero.

De modo que Maggie y su madre tuvieron una conversación respecto al uso del dinero como recurso. Su madre le dijo que el dinero es como la energía que está aquí y después desaparece. Si tú no supiste conservarla, un buen día podrías despertar y descubrir que no queda nada. También sugirió que el dinero puede dividirse en tres partes. Una parte para el ahora, otra parte para después y la última parte para mucho después. La parte de ahora era para asuntos pequeños e inmediatos: café, cine, gasolina y CD's. La parte para después era para algún tiempo en el futuro, que podía durar entre tres meses y un año y pudiera destinarse para asuntos mayores: alquiler, alimento, ropa, gastos del automóvil, viajes y así por el estilo. Y el fondo para mucho después debería ir para asuntos como la educación y sólo podría ser tocado en casos de verdadera necesidad. A Maggie le interesó mucho aprender este concepto. Anteriormente, ella había concebido el dinero como una forma de gratificación instantánea. Si lo tienes, lo gastas. Ella nunca antes había pensado en presupuestar el dinero a largo plazo. Conservar y ahorrar eran conceptos nuevos para ella.

Algunas personas son la versión adulta de Maggie. Se acostumbran a gastar cada centavo que ganan. Si ganan más, gastan más y así por el estilo. Así que es importante mirar el gran cuadro y decidir lo que se quiere lograr con las finanzas, tanto a corto como a largo plazo. Si usted nunca aprendió esto de su familia, sus maestros o sus modelos, deberá aprender a desarrollar esta competencia. Ahorrar e invertir en los medios apropiados también le ayuda a cumplir los objetivos que quiera alcanzar en el futuro.

Manejar bien las finanzas produce paz mental. La vida cuesta dinero, y saber exactamente con cuánto dinero se cuenta y saber cuánto y cómo se va a gastar, lo pone a uno en la silla del conductor. Esto le permite a uno vivir una vida tranquila, en contraste con el temor, la ansiedad y el pánico que se experimentan cuando se tienen fondos insuficientes. Cuando usted está sereno, su vida, lo que implica su habilidad para triunfar, fluye mejor.

Aumente su conocimiento sobre la forma correcta de administrar las finanzas. Puede hacer esto escuchando casetes, afiliándose a un grupo de inversionistas, suscribiéndose a una revista, comprando algunos libros o consultando a un consejero en asuntos financieros. Si logra entender sus conceptos y decisiones inconscientes respecto al dinero, podrá reconsiderar su manejo de las finanzas y estar en condiciones de cambiar costumbres que no le favorezcan.

La gente exitosa, por lo general, organiza sus recursos y toma decisiones conscientes en el área financiera. Lo hace de la misma manera que se esfuerza por administrar bien su tiempo, sus relaciones y su energía. Mientras más conscientes sean sus decisiones, mejores resultados tendrá.

Los recursos son limitados; deben ser utilizados cuidadosamente. Si es cuidadoso con las variables bajo su control, podrá tomar decisiones sabias respecto al uso de sus recursos. De lo bien que los administre dependerá lo lejos que pueda llegar.

Finalmente, usted maneja sus recursos o estos lo manejan a usted.

¿Cuál de las dos opciones es mejor?

# NOVENA REGLA

*Cada nuevo nivel de éxito
trae nuevos desafíos*

CADA LOGRO ALTERA, SEA DE FORMA LEVE
O SIGNIFICATIVA, SU REALIDAD. SU DEBER ES MANTENER
EL EQUILIBRIO CUANDO CAMBIEN LAS REGLAS DEL JUEGO.

A medida que avance hacia la obtención de sus metas, realice los esfuerzos necesarios y administre sus recursos con sabiduría, existe la posibilidad de que alcance al menos algunos de los resultados que está buscando. Sin embargo, el final del juego no consiste en cruzar la línea de la meta. De hecho, es tan solo el comienzo de una nueva gama de desafíos y de lecciones de vida. Cuando el éxito entra en el cuadro, se crea una nueva realidad y el juego de la vida cambia. El desafío que entonces tendrá usted es el de mantener el equilibrio mientras reacomoda las piezas de su vida y se adapta a la nueva realidad.

La tercera ley de movimiento de Newton dice que por cada acción hay una reacción opuesta de iguales proporciones. Si se aplica esta lógica, eso significa que el éxito que se obtenga producirá efectos de onda. Tales efectos incluyen cambios de identidad, responsabilidades aumentadas y hacer frente a las diferentes reacciones que se produzcan a su alrededor. Manejar esos cambios constituye la huella digital de cada sueño realizado y cada nuevo nivel de éxito alcanzado.

En una ocasión, George Bernard Shaw dijo: "En la vida pueden ocurrir dos tragedias. Una es perder el anhelo del corazón y la otra es obtenerlo." Pues bien, aunque alcanzar el éxito no hace que necesariamente le sobrevengan a uno dolores desgarradores, ciertamente si trae sus desafíos. Usted necesitará abrirse paso entre las recompensas, las nuevas responsabilidades y el panorama sorprendente y desconocido que produce el éxito.

## EL MITO DE "AQUÍ" VERSUS EL MITO DE "ALLÁ"

La sexta regla en el libro *Si la vida es un juego, éstas son las reglas*, dice que "allá" no es mejor que "aquí." Cómo lo expliqué en ese libro, donde quiera que usted se encuentre es su actual "aquí." Cuando usted se esfuerza por llegar "allá" —algún lugar diferente de "aquí"— puede terminar creyendo en el mito que "allá" es superior a "aquí." No obstante en la realidad, "allá" no es mejor que "aquí." Sencillamente es diferente.

Todos los "allá" resplandecen en el horizonte como vasijas de oro. Pueden parecerse a la solución a todos los problemas, la panacea de las dolencias o la versión utópica de la vida presente. La realidad, sin embargo, es que la vasija de oro, la cura milagrosa o la fantasía utópica, no viene sin su propio conjunto de desafíos y lecciones.

## TRANSFIRIRIÉNDOSE DE "AQUÍ" A "ALLÁ"

Los cambios siempre ocurren. Las situaciones cambian, la gente cambia y el éxito se alcanza. Sin embargo, cuando usted alcanza el éxito eso no quiere decir que todo de repente se vuelve mejor. El mito dice que cuando uno finalmente alcanza el éxito que ha estado anhelando, todo se vuelve perfecto. Como seres humanos experimentamos que a medida que aprendemos las lecciones de la vida, surgen nuevos desafíos y emergen nuevos niveles de éxito. Nosotros no superamos los asuntos completamente, simplemente los intercambiamos por otros que se ven y se sienten diferentes.

El éxito cambia la dinámica del juego. Las viejas preocupaciones pueden desaparecer, tales como las limitaciones económicas, el espacio limitado, la libertad, las dudas, los temores o las inseguridades. Entonces aparecen nuevas preocupaciones y presentan nuevos desafíos que en las circunstancias anteriores probablemente ni siquiera imaginó. Es posible que de repente tenga que enfrentar nuevos niveles de estrés, nuevas normas y expectativas, junto con la enorme presión que implica emprender una nueva vida que de algún modo es más grande que la anterior.

Cuando la compañía de internet en la que Gloria trabajaba resolvió vender parte de sus acciones al público, las acciones que Gloria tenía se valorizaron de forma vertiginosa. Ella pensó que todos sus problemas iban a desaparecer y que ahora no tendría que preocuparse por el dinero. Tenía razón en que, algunos de sus viejos problemas como pagar el alquiler a tiempo, comprar ropa y calzado para ella y sus tres hijos y tener que utilizar el transporte público bajo la lluvia, desaparecerían. No obstante, lo que ella no tuvo en cuenta, es que ahora tendría que enfrentar los nuevos desafíos que acompañan a la seguridad financiera.

De repente, como a veces ocurre cuando alguien obtiene grandes sumas de dinero, familiares que escasamente ella conocía aparecieron en su puerta con las manos extendidas. Su ex esposo, del cual no había oído hablar en seis años, reapareció en la escena. De la misma manera, empezó a recibir tantas ofertas de tarjetas de crédito, de pólizas de seguros y solicitudes de donaciones para obras de caridad, que tenía que desocupar su buzón de correo todos los días.

Gloria se hallaba en una lucha interna. Tenía que tomar decisiones respecto a la forma como utilizaría el dinero en las cosas que le inquietaban en su mente. Tener tanto dinero disponible era un nuevo concepto para ella y se sentía insegura al respecto. Anteriormente había sido un tanto distraída con el dinero y ahora se veía forzada a aprender para lograr el equilibrio con su chequera y manejar un presupuesto, en vez de simplemente tener que estirar su dinero para que éste alcanzara al final del mes. La mayoría de las veces temía que no estuviera haciendo las cosas bien o que la gente la rechazara por no ser lo suficientemente generosa.

Así que, mientras la vasija de oro al otro lado del arco iris de Gloria le estaba facilitando la vida por un lado, por el otro le estaba causando dificultades crecientes. A diferencia de lo que comúnmente ocurre con otras personas, a las cuales el éxito y el dinero les llega después de un proceso que dura algún tiempo, Gloria necesitaba encajar en su nueva realidad de la noche a la mañana, de modo que hasta empezó a sentirse un poco nostálgica respecto a la vida sencilla que llevaba anteriormente. Pero entonces miraba por la ventana y veía el resplandeciente Mustang convertible parqueado frente a su casa y de nuevo se sorprendía de asombro. ¿Habían sido cómodos los cambios? Por supuesto que lo eran. ¿Volvería a intercambiar papeles y regresaría a su vida anterior? Probablemente no lo haría.

### Una cosa lleva a la otra

Un maestro sabio dijo una vez con atinado acierto: "Cuando consigues esto, entonces consigues eso." Todo "esto" viene con "eso." El "eso" no necesariamente es negativo u oneroso, pero siempre tiene el mismo peso que el "esto."

Por ejemplo, si la fama es su meta, usted tendrá que acostumbrarse a la idea de tener una vida pública. La mayoría de las medallas olímpicas traen consigo dolores corporales y desgaste físico. Las grandes riquezas exigen manejar intrincados procesos financieros. El ascenso en el lugar de trabajo conlleva responsabilidades adicionales y mayores niveles de presión. El matrimonio implica aprender a dar y recibir; y crear una empresa va acompañado de riesgos.

Con lo anterior, no estoy diciendo que todas las cosas buenas tengan un lado negativo. Lo que estoy intentando enfatizar es el inseparable vínculo que existe entre la elección y lo que acompaña a esa elección. El universo existe en una relación estímulo–respuesta. Si usted obra o estimula una situación, entonces habrá una respuesta distinta, positiva o negativa, tanto en una circunstancia como en otra.

## ENFRENTE LOS CAMBIOS

*Todo cambio es un milagro que se debe contemplar.*
— Henry David Thoreau

El éxito puede ser una cosa maravillosa. No hay nada que se asemeje al sentimiento de alcanzar las metas y ver los sueños hechos realidad. Lograrlo hace que uno se sienta en la cima del mundo y en plena armonía con su propósito. Algunas personas pueden exteriorizar incontenibles manifestaciones de gozo y un intenso sentido de orgullo y otras pueden simplemente experimentar un sentido profundo de satisfacción y logro.

Sin embargo, como hemos visto, con el éxito vienen asuntos que deben atenderse y cambios que exigen ajustes. Algunos cambios pueden ser positivos y otros pueden representar desafíos; algunos pueden ser agradables y otros tediosos. Pero sin importar cómo se sienta usted al respecto, tales cambios precisan de atención para asegurar que el éxito recién hallado no se resquebraje en sus propias manos o por las reacciones de otros.

## PREPÁRESE POR ADELANTADO

Algo que puede ser muy útil para adaptarse a los cambios es prepararse por adelantado para asumirlos. Saber qué se puede encontrar antes de subir al siguiente nivel es la mejor manera de asegurar una transición suave.

Estar informado de todo lo que implica llegar al siguiente nivel le ayudará a manejar la realidad de la situación. Cuando está al tanto por adelantado de las alegrías pero también de las pruebas que involucran la realización de sus metas, podrá preparar de antemano las herramientas que pueda necesitar. Mientras menos sea tomado por sorpresa, más terreno estable podrá tener disponible para apoyarse. Por supuesto, no podrá anticipar todo lo que habrá de venir, pero ciertamente es buena idea tener un conocimiento de las cosas básicas.

Por ejemplo, Scott y su esposa Bari eran terapeutas que dirigían seminarios para parejas. Ellos eran relativamente bien conocidos en su comunidad, no obstante, no lo eran tanto a nivel nacional. Esto fue así hasta que los entrevistaron en la televisión. Después de la entrevista su negocio se triplicó, de modo que ellos empezaron a tener una presión fuerte por la demanda de sus servicios.

Pero el problema, sin embargo, no era estar sobrecargados. El problema era que ambos estaban estresados al máximo y empezaron a reflejar el estrés el uno al otro. Pasaban tanto tiempo aconsejando a otros sobre cómo llevar bien su relación que la suya propia la estaban descuidando.

Tanto Scott como Bari fueron tomados por sorpresa. Nunca pensaron que tanto éxito fuese a poner en peligro su relación. Adicionalmente, nunca habían fijado métodos o estrategias para manejar el estrés. Afortunadamente, ambos habían desarrollado excelentes hábitos de comunicación, de modo que pudieron recuperar el equilibrio, pero no sin tambalear. La transición pudiera haber sido más suave si ambos hubiesen tenido alguna idea de lo que les iba a acontecer.

Hablar de antemano con quienes ya han ido al lugar que usted se propone visitar puede ser muy útil para preparar el viaje. Muchas personas se sienten complacidas de compartir lo que aprendieron de sus experiencias. Haga todas las preguntas que necesite hacer, especialmente las que parezcan tontas. Pregúnteles qué pasó, cómo se sintieron, qué los tomó por sorpresa y qué hubieran hecho diferente. Pregúnteles que si tuvieran que hacerlo otra vez, ¿lo volverían a hacer? Esta es una manera de evitar el síndrome "aquí-allá" y de prepararse apropiadamente para enfrentar lo que venga en la ruta hacia la realización de sus metas.

## LOS CAMBIOS INTERNOS:
## LOS CAMBIOS DE IDENTIDAD

Lo que llamamos "identidad" se compone de dos elementos. El primero incluye los papeles que desempeñamos en la vida. Las acciones que emprendemos, la forma como nos comportamos en el gran esquema de cosas. Los roles que mencionamos incluyen ser padre o madre, asistente, empleado, mujer, dueño de mascota, enfermera, o hincha de un equipo deportivo. Los aspectos exteriores también incluyen la forma como otros lo ven a uno: como músico prometedor, como una persona con recursos limitados o como empresario optimista. Todas estas expresiones y aspectos que definen quién es usted forman parte de su identidad.

El segundo componente es la relación que usted tiene consigo mismo. Esto comprende cómo se percibe, se considera y se siente respecto de sí mismo. Esta es la parte más importante de las dos y es la que necesitará atender cuando los factores externos vayan en direcciones nuevas.

Cada vez que usted avanza a un nuevo nivel de éxito, su identidad se altera ligeramente. Esto puede venir gradualmente, como por ejemplo, con los aumentos salariales de cada año, o puede suceder de una sola vez, como cuando su compañía abre la venta de acciones, su equipo gana el campeonato nacional, se patenta y se vende su invención, usted gana el premio Nobel o rompe algún nuevo record. Sin importar el tipo de éxito que alcance, cuando su estatus, su esfera de influencia o su balance bancario cambia significativamente, su identidad también cambiará. La persona que usted representaba y la forma como se definía a sí misma han experimentado una alteración. Usted ya no es la misma persona que tenía lo justo para vivir; ya no es la persona normal o promedio; ya no es un "don nadie;" a no es la persona que mira a otros con admiración.

Tampoco es ya el músico prometedor; ahora es un músico con un contrato de grabación. Ya no es la persona con fondos limitados; usted es alguien que ahora tiene solvencia económica. Ya no es la asistente; ahora es la gerente; ya no es el empresario optimista; ya es un éxito andante. Ha alcanzado lo que deseaba; usted ha cumplido parte de sus sueños, y como resultado de ello, sabe por intuición que algo en el interior de su identidad ha cambiado.

Con frecuencia escuchamos de la celebridad de Hollywood que ha tenido un inmenso éxito en su carrera y lo otro que oímos es que la relación de esa persona o su matrimonio se ha roto. Existen, por supuesto, muchas razones posibles por las cuales las relaciones naufragan. Sin embargo, el éxito, cuando no se maneja bien, puede sacudirlo a uno, si no, destruir la infraestructura de su vida.

¿Cómo maneja los cambios de identidad en su vida? ¿Cómo maneja usted su nueva identidad? Estas son preguntas importantes, y no hay respuestas fáciles para estas preguntas. El proceso se parece un poco a tener que usar unos zapatos más grandes. Al principio pueden parecer incómodos, y es posible que usted piense: "Este no soy yo," y en buena medida tiene razón, no es quién usted era, sin embargo, es en lo que se está convirtiendo. "Llegar a ser" es una definición de transición. Es cuando emerge un nuevo usted. Significa establecer un nuevo terreno dentro de lo que, de forma inherente, es incómodo. Esto sucede de forma gradual.

Durante ocho años trabajé duro para completar mi maestría y obtener mi doctorado. Al final, cuando me gradué, no me sentía segura de cómo actuar. A menudo me preguntaba si debería presentarme de forma diferente o actuar como una doctora (lo que quiera que eso significara). Yo me sentía incómoda porque había logrado algo que había soñado alcanzar durante veinte años y todavía me sentía la misma persona. Todavía me levantaba en la mañana, tomaba mi café y me ponía mis pantalones. De modo que me preguntaba a mí misma: "¿Qué es la gran cosa?" Yo quería que el mundo supiera que había alcanzado algo que era, de hecho, un gran asunto para mí, y, con todo, no quería jactarme de ello.

Entonces, pensé que la solución sería hacer una gran fiesta y enviar anuncios. También tenía nuevas tarjetas de presentación con la sigla "Ph.D." inscrita en ellas. Transformé el cuarto de huéspedes en mi oficina oficial con mis diplomas colgados en la pared. Pero estos pasos no hicieron que yo sintiera que había sido suficiente.

Finalmente, se hizo evidente que lo que yo necesitaba hacer era trabajo interior. Tenía que integrar las varias partes de mi ser: lo que yo era, lo que había logrado y en quien me había convertido. Aquello era como microcirugía psíquica, de modo que voy a explicar el proceso.

Hice tres listas:

- La primera lista era *cómo me definía a mí misma en el pasado*:
  Consultora en temas de administración
  Madre sin esposo

Estudiante esforzándose por obtener un título profesional para salir adelante
Oradora pública eficaz
Capacitadora talentosa
Persona capaz, en busca de acreditación
Apoyadora y fortalecedora invisible

* La segunda lista era sobre *lo que había logrado*:
Un gran avance
El nivel más alto de educación alcanzado por un miembro de mi familia
Un nuevo nivel de confianza en mis propias habilidades (Yo puedo, ¡Lo hice!)
Investigadora original
Descubrí que me encantaba ser estudiante
Sentí que mi cerebro se expandía con nueva información y conocimiento
Experimenté un nuevo nivel de pericia y autoridad

* La tercera lista era *quién había llegado a ser*:
Una doctora en filosofía
El nivel más alto de logro en mi campo
Una autoridad reconocida
Una persona con más amor propio
Una profesional que ahora podía enseñar en una universidad
Una persona que se siente segura de sí misma

Al hacer estas listas identifiqué, reconocí y articulé la transición con la que estaba luchando. Exteriorizar mi transición interna me ayudó a globalizar la experiencia. Cuando uno puede ritualizar, procesar, o exteriorizar lo que le está pasando en su vida a fin de integrarse a sí mismo con su desarrollo, puede establecer su nueva realidad. "Llegar a ser" es el proceso de fusionar lo externo con lo interno.

### Reconozca sus logros

Cada vez que logra un nuevo nivel de éxito es como si tuviera un rito de iniciación. Si usted no lo simboliza de algún modo, entonces lo pasará por alto o lo dará por sentado. No necesitará registrar por escrito cada transición, como yo solía hacerlo (aunque yo recomiendo ese ejercicio), no obstante, necesitará experimentar la realidad de que algo ha cambiado y hacerse plenamente consciente de lo que el cambio representa para usted.

Algo que puede ayudar es hablar con un amigo o compañero. Lo más importante es que deberá abordar los sentimientos al respecto, ¿qué es diferente ahora? ¿Qué ha cambiado en la relación que tiene con usted mismo? De ahora en adelante, ¿qué hará diferente? ¿Qué necesitará anticipar o planear con respecto al futuro? Es posible que estas preguntan generen cierta incomodidad. Eso es normal. Es posible que quiera regresar a un estado anterior, a la época en que se sentía más cómodo con su situación o estado. Si así es, asimílelo. Pregúntese qué se requerirá para que usted pueda acomodarse completamente a su nuevo nivel de éxito y una vez identificado esto, implemente acciones que le ayuden a lograrlo.

### Ritualice sus logros

Ritualizar el alcance de sus logros es la parte final del rompecabezas. Represente su éxito de alguna manera. Puede ser colgar su diploma, celebrar con sus amigos más apreciados o comprarse un reloj nuevo. Escoja algo que le recuerde su éxito cada vez que lo mire; ello puede servir como recordatorio de su logro.

Los seres humanos ritualizamos los eventos importantes de la vida, tales como la unión de una pareja, el nacimiento de un bebé, así que, ¿por qué no hacer lo mismo con los logros personales? Hacerlo crea una memoria imborrable que perdura muchísimo tiempo después, cuando alcance otros logros significativos.

## LOS CAMBIOS EXTERNOS: LAS REACCIONES DE OTROS

Usted es un individuo con diferentes límites físicos y emocionales. No obstante, no existe solo porque hace parte de una gran cadena humana que lo conecta a las personas que existen a su alrededor. Lo que usted hace afecta a los demás, sea de forma directa o indirecta, en un grado mayor o menor.

Su esfera de influencia se compone de los círculos concéntricos a su alrededor, es decir, los grupos de personas cercanas a usted, sus amigos, asociados, colegas y conocidos. Y como usted está en el centro de esta esfera, deberá reintegrarse de una forma totalmente nueva en ese mundo anteriormente establecido. Deberá, por tanto, introducir su nuevo yo y manejar las reacciones que surjan.

El éxito tiende a sacar lo mejor o lo peor de las personas, lo que incluye a quienes le rodean. Cuando se experimenta una medida de éxito en la vida, ocurre un proceso de refinamiento. Sus amigos contribuirán a sus momentos de gloria. Quienes no lo hacen, sin embargo, se van a un lado del camino. Resulta doloroso, pero cierto, que a medida que usted progresa se acrecientan sus relaciones o viceversa. Y esa contingencia presenta desafíos.

Habrá quienes le demostrarán entusiasmo genuino por su ascenso, aumento de salario, graduación o nueva oportunidad en la vida. Ellos son sus verdaderos apoyos, sus socios maduros y los miembros de su familia que verdaderamente pueden ver más allá de sus propias necesidades y celebrar sus esfuerzos. Tales relaciones son valiosas y deberán ser atesoradas por todo lo que ofrecen.

Sin embargo, con frecuencia, descubrirá que hay al menos una persona que se muestra envidiosa con sus logros. Tal vez esa persona se puede sentir amenazada por sus triunfos y se muestre poco complacida por sus nuevos avances. Es posible que se sienta excluida o considere que los éxitos recientes no son merecidos o son injustos. Cualquiera que sea la razón por la cual la persona reacciona así, a usted puede resultarle confuso y hasta doloroso.

Por ejemplo, Susan y Russell eran unos primos que siempre habían disfrutado una relación estrecha. Ambos tenían la misma edad e intereses similares. Ambos estaban cerca a graduarse de la universidad y a pesar de que vivían a unas 50 millas de distancia con frecuencia se ayudaban intercambiando los apuntes de cuadernos que habían estudiado semestres atrás. También interactuaban como amigos cuando estaban en contextos diferentes a los de las reuniones familiares. Susan con frecuencia acudía a Russell para pedirle consejos respecto a temas sentimentales y a Russell le encantaba llevar a Susan de compras porque ella tenía muy buen gusto. Todo transcurría en armonía hasta que Russell supo que había sido escogido para pronunciar el discurso de graduación.

Susan no pudo ocultar sus celos, aunque intentaba disimularlos con desdén casual. Empezó a llamar a Russell "el cerebro" y hacía comentarios crueles respecto a sus evaluaciones. El día de la graduación, Susan llegó tarde y salió tarde de la fiesta con la disculpa de que tenía dolor de cabeza.

Aunque frente a Russell y al resto de la familia ella intentaba dar la apariencia de que todo iba bien, dentro de sí albergaba un volcán de emociones. Por una parte, se sentía orgullosa de su primo, pero por la otra, se sentía extraordinariamente celosa. A pesar de que ella se graduó con buenas calificaciones, no recibió honores. Ella envidiaba a Russel y toda la atención que recibía.

Y aunque se sentía avergonzada por su reacción, no se ayudaba mucho para salir de la situación.

Cuando yo me reuní con Susan, era evidente que el éxito de Russell la había desestabilizado. Con unas cuantas preguntas pudo revelar algunos sentimientos de ineptitud intelectual que había estado abrigando, los cuales identificó como las razones de su comportamiento.

Esto es algo que sucede con bastante frecuencia. Cuando la gente no puede alegrarse por el éxito de alguien, normalmente la causa subyace en que estas personas abrigan sentimientos de inseguridad respecto de sí mismas. Sea que estén conscientes o no, el éxito de otros despliega una luz enfocada en lo que ellas perciben como faltas o debilidades propias. Sus celos y resentimiento bien pudieran ser el resultado de un sueño no alcanzado.

En esos casos, es posible que su reacción sea la de sentirse herido y hasta enojado. No obstante, en esas circunstancias usted tiene dos opciones: puede excluir a esa persona de su vida, literal y emocionalmente, o puede buscar la manera de remediar la situación.

A veces lo único que se puede hacer es decirle adiós a esa relación a fin de que aquello no termine por desanimarlo a uno. Ese tipo de relaciones pueden relegarlo a uno. Si experimenta eso, tiene dos opciones: tenga una conversación franca con esas personas y dígales cómo se siente y lo que espera que suceda, o deje que ellos se esfumen de su vida.

Con todo, si su corazón le indica que la relación vale la pena, siga estos pasos: Primero, deténgase y pregúntese si hay algo en su comportamiento que esté generando esa reacción en la persona. ¿Está alardeando y presumiendo por el éxito alcanzado? ¿Está ignorando a la otra persona? ¿Hay algo que haya hecho que esa persona se distancie? Sea honesto al considerar estas preguntas. Si la respuesta es afirmativa, necesitará asumir la responsabilidad y hacer los correctivos necesarios.

En segundo lugar, trate de ponerse en los zapatos de la otra persona. ¿Qué pudiera él o ella estar sintiendo a la luz de los nuevos cambios que usted ha experimentado? Es posible que la persona sienta miedo de perder su amistad o se sienta preocupada de no poder estar a la altura de sus expectativas. Por ejemplo, con frecuencia las mujeres que entran en una relación de noviazgo pasan por alto el hecho de que la noticia hace que sus amigas se sientan distanciadas, amigas con quienes antes solía compartir los sábados en la noche. O el hombre que hace parte del equipo de softbol de la compañía y olvida a su amigo que no pasó las pruebas y que se siente rechazado. Las personas que son ascendidas en su lugar de empleo con frecuencia olvidan las posibles causas que pueden hacer surgir el resentimiento en aquellos que anteriormente fueron sus camaradas.

Busque una manera de atender el asunto de una forma adecuada. Fije un tiempo y un lugar apropiados y manifieste empatía y compasión. Necesitará exponer su percepción del asunto y deberá escuchar a su amigo con atención, sin interrumpir y sin juzgar. Escuche a la persona, sienta lo que él o ella siente y domine el deseo de "arreglar" la situación. Pregunte si hay algo que su amigo desee hacer, quizás un sueño que le gustaría alcanzar. Pregúntele qué puede hacer usted para ayudarle y explíquele lo que desea de parte de él y para él.

Si la persona resiste sus esfuerzos y no acepta encarar la situación o no está dispuesta a hablar de sus sentimientos, todo lo que puede hacer es dejar que manifieste su reacción. En una ocasión conocí a una mujer, su nombre era Rochelle y se dedicaba a hacer arreglos florales. Ella había aprendido todo lo que sabía de una mujer de mayor edad que había actuado como su maestra. Cuando Rochelle inició su propio negocio, su maestra se empezó a sentir celosa y a la vez temerosa de que Rochelle se llevara sus clientes. Fue así como ella intentó socavar el negocio de su aprendiz. Rochelle trató de conversar con ella, pero sus esfuerzos fueron poco fructíferos.

Le pregunté a Rochelle cómo es que podía estar tan calmada frente a esta situación y ella me contestó lo siguiente: "Yo no puedo ni quiero quedar atrapada en su red de negatividad. Lo que yo puedo hacer es orar por ella y enviarle pensamientos positivos. Eso es lo que me permite tener paz con la situación."

Tal vez necesite hacer lo que hizo Rochelle y encontrar la manera de hallar paz al respecto. Al final, siempre tendrá la satisfacción de haber intentado lo mejor.

## MANTENGA LA PERSPECTIVA

*Se nos recomienda siempre seguir siendo*
*los mismos, pero olvidamos muy rápido las cosas*
*que pensábamos que nunca olvidaríamos.*

— Joan Didion

Uno de los desafíos más grandes para alcanzar el éxito es el de mantener las cosas en su debida perspectiva. Antes de alcanzar el nuevo nivel de éxito usted se sentía familiarizado con la visión que tenía. Estaba bien acostumbrado al terreno que pisaba y lo conocía. Cada mañana que despertaba todo parecía tranquilo.

Pero todo cambió en el terreno de juego y nada parece conocido. La perspectiva cambió y el terreno se siente extraño bajo los pies. Todo parece ser diferente.

Es muy fácil dejarse llevar por la emoción e imbuirse en el glamour y la agitación de la victoria. No obstante, la verdadera prueba, que demuestra de qué está hecho, vendrá cuando usted alcance las metas que se ha propuesto.

¿Puede disfrutar del éxito sin dejar que éste distorsione su visión?

¿Puede acoger su nuevo nivel de éxito sin que se le infle el ego?

¿Puede usted mantenerse firme con respecto a sus valores cuando las tentaciones surgen?

Mientras mayor sea el éxito, mayores serán las pruebas. En algún momento, durante el juego del éxito, aprenderá cuatro lecciones significativas: integridad, arrogancia, codicia y poder. Entre más alto llegue, más difícil será resistir la seducción del lado oscuro del éxito. Su desafío principal será mantenerse conectado polo a tierra con usted mismo, a medida que escala las cumbres de la grandeza.

## MANTENGA SU INTEGRIDAD

Integridad significa hacer lo correcto, especialmente cuando nadie lo está observando. Es fácil actuar con honorabilidad cuando otras personas están presentes dando crédito a nuestras acciones. Sin embargo, cuando otros no están presentes, es fácil tomar el camino cómodo y desviarse del camino del honor. La verdadera prueba ocurre cuando sus acciones son observadas únicamente por usted.

La palabra "integridad" proviene de la raíz "íntegro" que significa "completo." Vivir con integridad significa alinear y abarcar todos los aspectos del ser en las acciones. Usted vive dentro de los valores personales que rigen su comportamiento. Tales valores influyen en todo lo que hace; así, usted vive su vida de forma auténtica e integral.

Una de las lecciones más importantes que hay que aprender, en términos de progreso humano, tiene que ver con mantener la integridad. Es una lección que con frecuencia se hace evidente al momento de alcanzar el éxito, porque es allí cuando uno puede poner en peligro sus principios a fin de alcanzar sus metas. La integridad implica recordar quiénes somos cuando obtenemos el éxito y honramos lo que somos como persona.

¿A favor de qué está usted? ¿Qué principios representa? ¿Tiene la calidad moral para apegarse a esos principios cuando nadie más está mirando, o compromete sus valores cuando parece que ello podría acelerar su progreso?

Vivimos en una sociedad que carece bastante de integridad. ¿Conoce a alguien que sobrepasaría el límite de velocidad después de la media noche en una carretera sin curvas y sin otros vehículos a su alrededor? ¿Conoce a alguien que tras encontrar un maletín lleno de dinero lo lleva a la policía?

Hacer lo correcto requiere de fortaleza. Implica escuchar la voz de la conciencia y aplicar los principios que se conocen como correctos. En muchas ocasiones, a medida que avance en su viaje, encontrará situaciones que exigirá que elija entre su conciencia y salir adelante. Esa es justamente la naturaleza del juego.

Bella, por ejemplo, era una joven actriz italiana, a quien conocí hace algunos años cuando todavía actuaba. Ella había llegado a los Estados Unidos para estudiar actuación. Amaba el teatro y aprovechaba toda oportunidad que se le presentara para mejorar sus destrezas. Había estudiado a Shakespeare, a los clásicos y a George Bernard Shaw. Cierto día, tras presentar una audición ante un nuevo director, se le invitó a presentar una "audición privada." Puesto que ella no conocía todos los modismos de la lengua inglesa, inocentemente dijo que no entendía y pidió una explicación.

El hombre le dijo: "Ve a mi casa más tarde y puedes presentar la audición para mí en privado." Ahora el mensaje había quedado claro.

Bella evaluó sus metas profesionales junto con sus valores. Ella deseaba profundamente ser aceptada en esta obra, lo que significaría un enorme avance en su carrera. Pero, por otra parte, pensó cómo se sentiría si aceptaba una parte tomando como base algo que no era su habilidad histriónica. En ese momento, la ingenuidad de Bella ante el mundo se desvaneció y consideró que esta no sería la última vez que tendría que enfrentar una decisión como esa.

"Está bien," contestó, "pienso que no voy a ir, pero gracias de todos modos." Así, se marchó, respiró con profundo alivio y no miró hacia atrás.

A veces las situaciones que enfrentamos son menos evidentes que en el caso de Bella. A veces es un jefe que nos pide algo que nos hace sentir incómodos, como por ejemplo, no decir toda la verdad. O tal vez se presente la tentación de tomar un atajo comprometedor para alcanzar la meta. Esos momentos son difíciles, y esto se debe a que todos los días vemos situaciones que intentan reforzar el modelo del mundo de hoy, de comprometer nuestros principios a fin de prosperar.

La integridad es un asunto de elección en la vida la cual es puesta a prueba constantemente. En aquellos momentos de prueba, usted puede sentirse en problemas o en crisis. Si está a favor de ciertos principios, si sabe cuáles son sus valores, deberá preguntarse si el costo que se paga es digno de la decisión o si se deben ignorar o abandonar. El asunto puede ser algo tan grande como robar algo de su compañía, o tan pequeño como hacer trampa en un examen o darse el crédito por el trabajo de otra persona. La idea de abandonar los principios y valores siempre se va a presentar en la forma de beneficios rápidos y merecidos.

¿Qué puede hacer en los momentos de prueba? Deberá pensar en las consecuencias de sus actos, considerar el resultado y tomar una decisión. Las siguientes preguntas le pueden ayudar en ese proceso:

1. ¿A favor de qué me declaro yo?
2. ¿Cómo me sentiré si hago o no hago esto?
3. ¿Armoniza esta acción con lo que yo soy?
4. Aceptar esta opción, ¿me llevará a donde yo quiero ir?
5. Si yo hago esto, ¿me sentiré orgulloso de mí mismo?
6. ¿Qué alternativas tengo?

7. ¿Cuáles son las posibles alternativas de hacer o no hacer esto?

## LA TRAMPA DE LA ARROGANCIA

Mientras más grande sea el éxito que alcance, mayor será el desafío de las pruebas. A medida que avance en los niveles de su vida, se dará cuenta de que ha aprendido bien algunas lecciones. Tan bien, que, de hecho, sentirá que habrá pasado las pruebas que le sobrevinieron. A medida que mire atrás y vea las lecciones aprendidas en el pasado, tendrá la sensación de que ya ha "pasado por todo" y que no hay nada más que aprender. Esta es la lección más seductora de todas, porque está más allá del orgullo; se trata de la arrogancia.

La arrogancia se desarrolla en las personas que han alcanzado algún logro y creen que ellas mismas lo obtuvieron sin la ayuda, el apoyo o la contribución de otros. La persona arrogante presume que es invencible, que está por encima de todas las demás, y que está libre de represiones. Asume que las reglas aplican a las demás personas pero no a sí misma. Siente como si hubiera obtenido el derecho a comportarse a su antojo sin esperar consecuencias adversas. La arrogancia asume una actitud de superioridad, se deleita en su propia promoción y prospera a partir de los sentimientos de inferioridad de otros.

Existe una pequeña línea divisoria entre el orgullo y la arrogancia; y esa línea se llama ego. Es absolutamente normal que alguien se sienta orgulloso de sus logros; éstos representan una recompensa a sus esfuerzos. El peligro subyace cuando la persona empieza a pensar que sus logros le dan el derecho de comprometer los principios, de ser rudo y hasta abusivo. La paradoja consiste en ser seguro mientras se evita la vanidad y en creer en su propio valor, sin sobreestimarlo.

Algunas personas se dejan seducir por la arrogancia. La actitud puede ser: "Ahora que soy 'alguien' puedo tratar a los demás como yo quiera." Si en el pasado la persona ha sido menospreciada, quizás la tendencia sea a querer menospreciar a otros. Si ha sufrido en el pasado, quizás de forma consciente o inconsciente también quiera ver sufrir a otros. La expresión "el poder corrompe" básicamente transmite la idea de que cuando la gente obtiene poder, se deja seducir por éste y abusa de él en vez de utilizarlo apropiada y éticamente.

Gavin, por ejemplo, cayó en la trampa de la arrogancia cuando hizo su gran incursión en el mundo del periodismo. Él había estado dando los reportes meteorológicos en una estación local de Wyoming hasta que una estación de una ciudad grande lo escogió entre un grupo de miles de candidatos para que fuera su presentador. Gavin quedó extasiado con la propuesta y no tardó en informar a todo el mundo que se iba a convertir en "una gran estrella."

Gavin llegó a su nuevo trabajo vanagloriándose, en vez de tener una actitud agradecida. Empezó a dar órdenes a los asistentes como si ellos fueran esclavos, y pasó por alto detalles como decir: "por favor" y "gracias." Cuando una asistente le traía café con crema en vez de café negro, sin decir nada lo rechazaba con una expresión de disgusto. También interrumpía con bastante frecuencia a sus colegas y hasta se atrevió a llamar "bestia" a uno de los presentadores más respetados del país. En pocas palabras, se comportaba con muy malos modales.

Supe de esta historia porque una de las ejecutivas que lo contrató es amiga mía. Cuando ella me contó la historia, terminando con la expresión: "¿Puedes *imaginarte* a ese individuo?" Le dije que sí. Y en realidad lo había visto antes. Yo le sugerí a ella que simplemente esperara un poco, porque tarde o temprano el universo suministra lecciones de humildad a aquellos que más las necesitan.

La humildad es la mejor medicina para la arrogancia. Con frecuencia, infortunadamente, no percibimos nuestras propias debilidades. Cuando no lo hacemos, el universo nos da una buena dosis de humillación en vez de simplemente una onza de humildad.

### ¿Ha caído usted alguna vez en la trampa?

Cuando una persona se vuelve arrogante, casi nunca se da cuenta de ello. Usualmente nadie admite – o ni siquiera lo sabe – que es arrogante. ¿Cómo saber si se ha caído en la trampa de la arrogancia? Bien, si usted ve a sus subalternos como sometidos o personas que merecen menos respeto que usted, o si tiende a olvidar su progreso personal, por medio del cual alcanzó el éxito, parece que está sufriendo de este mal. Tal vez sienta que ya ha aprendido todas las lecciones que necesitaba, o que ya sabe todo lo que necesitaba saber. Es posible que piense que el éxito es permanente y que no puede terminar nunca.

Si alguna de estas cosas le suena familiar, usted ha desarrollado algún grado de arrogancia. La única manera de liberarse sin tener que esperar a que el universo lo haga por usted, de una forma que resulte dolorosa, consiste en volver a manifestar una actitud agradecida. Necesitará recordarse a sí mismo que toda grandeza proviene de una fuente superior, y que usted es el instrumento por medio del cual está siendo expresada. Manténgase unido a su fuente espiritual y conectado a su propósito mayor y así se podrá liberar de la trampa de la arrogancia antes de que sea demasiado tarde.

### LA CODICIA: LA SEDUCCIÓN DE QUERER TENER "MÁS"

¿Cuánto dinero es suficiente para usted? ¿Cuántos premios, elogios, aciertos corporativos, ovaciones o medallas de oro son suficientes? ¿En qué momento está llena su copa?

Marlon Brando dijo en una ocasión: "Lo más difícil del mundo es experimentar una medida suficiente de éxito y dejar las cosas allí." En algunos sentidos el éxito es como una droga. Sus efectos pueden ser adictivos. Pueden dejarlo deseando más y más y más. ¿En qué momento se transforma el deseo en codicia y la búsqueda de los sueños en avidez?

El punto de viraje se presenta cuando el deseo de acumular se convierte en una obsesión, cuando uno continúa llenando su canasta, y aún siente que está vacía; cuando la palabra "suficiente" se vuelve un concepto tan ajeno y tan distante como la luna.

La lección de la codicia surge cuando uno empieza a escalar grandes alturas, especialmente en el campo del dinero y los negocios. Siempre habrá una casa más grande que comprar, un mejor automóvil que adquirir, el siguiente gran negocio para cerrar, la siguiente celebración para asistir. Cuando ve tales sucesos como metas, todavía está andado el camino saludable hacia los nuevos niveles de éxito. Sin embargo, cuando los ve como cosas que tienen que suceder obligatoriamente, se ha desviado a los densos bosques de la codicia. Si su deseo se ha vuelto compulsivo, la lección de la codicia se ha desencadenado.

## La fuente de la codicia

Una persona se hace codiciosa cuando el concepto de la escasez se ha alojado en su conciencia. La adición hacia la acumulación surge de la necesidad de llenar un vacío en su vida, es decir en su alma.

Por el contrario, cuando uno tiene una actitud de abundancia no necesita apegarse a más y a más y a más, porque de forma inherente sabe que hay suficiente para todos. Uno no se preocupa por tener una porción suficiente porque tiene la plena seguridad que le será suministrada. No hay límites, no hay carencias, no hay remordimientos. Uno asume la vida con la confianza de que todo es posible y de que el universo facilita las cosas que se necesitan.

La vida de Marvin estaba llena de amor, satisfacción, gente agradable y una abundancia de posesiones materiales. Desde afuera parecía que Marvin era un adulto exitoso que tenía todo lo que deseaba, una esposa amorosa, hijos maravillosos, un hogar hermoso, trabajo satisfactorio y una red de amigos. Sin embargo, si lo escuchara hablar, le parecería que su vida está llena de esfuerzos y de luchas. Cuando Marvin habló con su esposa sobre su falta de satisfacción admitió sus temores. Éstos consistían en que temía que las bendiciones de las cuales disfrutaba se terminaran algún día.

Marvin había crecido en una familia grande de clase media y siempre se preguntaba si habría suficiente para él, incluido el alimento en la mesa. Aunque las circunstancias de Marvin habían cambiado, sus conceptos acerca de la abundancia y la escasez, no. Sus conceptos de la niñez todavía prevalecían. Aunque su vida en el presente era plena, muy dentro de sí abrigaba el temor de que no hubiera suficiente para él.

El temor de Marvin se hacía extensivo a otras áreas como el amor, el placer y el dinero. Nunca parecía que obtuviera suficiente de estas cosas porque siempre tenía el temor de que las reservas se terminaran. El temor lo despojaba de su gozo. De modo que él tenía que hacer un giro dramático de su "orientación de escasez" a una "orientación de abundancia."

Marvin aprendió el uso de la sigla F.E.A.R., que significa que las falsas expectativas aparentan ser reales. Él analizó su realidad presente y la comparó con sus temores pasados y se dio cuenta que el temor era un vestigio de su pasado y que no era relevante en el presente. Entonces hizo una elección consciente y abrió su corazón para permitir que la abundancia del universo penetrara en su conciencia y cambiara sus concepciones.

Si siente que necesita hacer un giro de una mentalidad de escasez a una de abundancia, y quizás así evitar las lecciones que la codicia puede traer, entonces empiece reorganizando el patrón de sus pensamientos. Identifique las creencias que tiene actualmente sobre la escasez y la abundancia; ello traerá a la luz patrones de pensamiento que de forma inconsciente están controlando su comportamiento. Utilice el método que mejor le funcione– mantras, afirmaciones, consultoría, leer libros sobre abundancia; estrategias que le permitan adquirir una nueva concepción de creencias positivas.

Cuando una persona sabe en su corazón que hay suficiente para ella y que el universo la apoya, la codicia desaparece. La persona puede apreciar y disfrutar con tranquilidad lo que tiene.

## MANEJE EL PODER CON RESPONSABILIDAD

El poder consiste en la habilidad de manifestar sus deseos en el mundo. Es irradiado en su forma natural por la fuente de la vida de todos los seres humanos. Lo poderoso que usted sea dependerá de cuanta confianza desarrolle y cultive en relación con esa fuente de vida.

En el mundo exterior, especialmente el mundo en el que ahora vivimos, el poder ha adquirido un significado diferente. Ha adquirido la connotación de control y dominación sobre otros y el nivel de influencia que las personas alcanzan.

El desafío que se presenta a quienes alcanzan posiciones de poder es uno de los más grandes que una persona puede enfrentar. Siempre existe la tentación de abusar del poder a fin de lograr ventaja y satisfacción personal, en vez de utilizarlo para el bien de todos.

Muchas personas se hacen promesas de que si alguna vez alcanzan una posición de poder no se volverán como otros que han conocido que han abusado de éste. Sin embargo, con frecuencia ocurre que cuando finalmente estas personas alcanzan los niveles de poder que estaban deseando, resulta fácil y muy atractivo utilizar su poder enteramente para ventaja personal.

Tal vez conozca a alguien obsesionado con el poder. Es probable que usted se haya cruzado en el camino con alguien que abuse de su poder y autoridad. Cuando las personas abusan del poder, pueden perder el enfoque y eclipsar su propósito.

Si no ha aprendido la lección del poder, es posible que se sienta tentado a utilizarlo de la forma incorrecta. De seguro se le presentarán pruebas al respecto. Si no aprende bien la lección, se arriesga a desconectarse de sus valores y principios. La esencia de su ser se puede perder en el uso del poder desenfrenado.

El éxito no es la solución a todos sus problemas. No implica recibir un tiquete mágico al reino de la felicidad. No es el lugar de descanso final en términos de evolución personal. Cada nuevo nivel de éxito viene con su propia medida de desafíos que se presentarán y de lecciones que usted necesitará aprender.

A medida que continúe en su viaje de su presente "aquí" a su siguiente "allá," recuerde que "allá," al final, no es mejor o peor que "aquí." Es simplemente otra oportunidad de explorar un nuevo territorio y de aprender lo que cada nuevo lugar tiene para ofrecer.

# DÉCIMA REGLA

---

*El éxito es un proceso*
*que nunca termina*

---

CADA NUEVA PLANICIE TIENE UN NUEVO ASCENSO. UNA VEZ
QUE ALCANCE LA CUMBRE, HABRÁ UNA NUEVA CIMA PARA ALCANZAR.

El éxito no es un estado definitivo. No existe una puerta mágica que diga DESTINO: EL ÉXITO, por la cual uno entre y se quede permanentemente al otro lado. El éxito es como una escalera en espiral por la cual uno asciende, da vueltas y presenta giros en las diferentes altiplanicies de la ruta hacia los sueños.

Siempre hay nuevos logros que alcanzar, nuevas vistas para explorar y nuevas lecciones que aprender. Como ya lo sabe, cuando uno alcanza el elusivo "allá," otro "allá" aparece como por arte de magia; entonces uno se hace consciente del siguiente nivel de éxito. Parte del proceso es determinar si uno desea continuar creciendo, si uno puede mantener su autenticidad mientras evoluciona y si puede mantener las cosas en su debida perspectiva a medida que el juego cambia. El éxito consiste en mantener el equilibrio entre apreciar la situación en la que uno se encuentra mientras que mantiene, al mismo tiempo, la vista enfocada en el siguiente desafío u oportunidad de continuar creciendo a nivel personal. Es de hecho una paradoja que envuelve mantener dos realidades opuestas simultáneamente, lo cual no es fácil, en vez de intentar obtener un diploma en la escuela de la vida.

## EL CICLO DE LOGROS Y RENOVACIONES

*Lo que la oruga llama el fin del mundo,*
*el maestro lo llama una mariposa.*
—Richard Bach

A mí siempre me ha gustado escalar montañas. No es tanto el ejercicio físico lo que me gusta sino las increíbles vistas que se disfrutan cada vez que uno hace el esfuerzo de luchar contra la gravedad para alcanzar nuevas alturas. Mi amiga Ciska y yo estuvimos en Suiza en *Le Dent du Midi*, una montaña en los Alpes. Yo avanzaba en mi lucha interna de si podía lograrlo a medida que escalaba miles de pies en la montaña cubierta de nieve. A medida que me esforzaba al máximo en sentido físico, descubrí que estaba conociendo nuevas forma de crecimiento a nivel interno, especialmente cuando atravesábamos cada ladera empinada y cada área escarpada. Cada vez que escalaba una gran roca o subía a un obstáculo inmediato, la vista abría un panorama nuevo ante mí con picos más altos y nuevos desafíos adelante. Parecía que hubiese una serie interminable de planicies, valles y cimas.

El éxito es parecido. Tan pronto como se alcanza un nivel, usted tiene un nuevo punto de vista estratégico que le permite ver un nuevo mundo de posibilidades y desafíos que anteriormente estaban lejos del alcance de su vista. Es posible que bajo esas circunstancias se sienta impulsado a alcanzar nuevas cimas en las áreas donde ya ha experimentado el éxito, o tal vez quiera dirigir su atención hacia otra área de su vida donde existan sueños por alcanzar. Siempre hay la posibilidad de asumir otro reto para enriquecer la vida y obtener una medida más plena de logro.

Cuando una persona experimenta el éxito en su vida profesional, es posible que quiera dirigir su atención hacia las metas personales. Tal vez otra meta esté relacionada con el ámbito de la salud. Y a medida que avanza hacia su meta pueden surgir nuevas oportunidades y nuevos anhelos. En otras palabras, la vida es una serie interminable de montañas para escalar, planicies para disfrutar y nuevas cumbres por coronar. Cuando se alcanza una nueva cumbre, el proceso comienza en una nueva área, en un nuevo nivel, con un nuevo desafío.

La razón por la cual el éxito es un proceso que nunca termina es porque nuestras definiciones de éxito están en constante cambio y transformación. Para un niño que apenas empieza a caminar, el éxito representa la habilidad de atravesar una habitación caminando con sus dos pies. No obstante, para un niño ya más crecido, caminar no es suficiente para definir el éxito. Tal vez el éxito tenga que ver más con alcanzar cierta estatura, lograr que sus padres digan "sí" a una petición de helado, o alcanzar buenas calificaciones en sus grados escolares. Luego, en la adolescencia, el éxito significa establecer la propia identidad. Pero cuando llegamos a los veintes, el éxito se transforma de nuevo y se convierte en definir nuestra profesión y desempeñarnos bien en ésta, en encontrar un cónyuge o quizás en empezar una familia. Y lo que el éxito pueda significar continuará cambiando a medida que sigamos avanzando en las diferentes etapas de la vida, y cada nuevo éxito alcanzado se expande en formas nuevas y asombrosas. Es como lo define la autora Gloria Steinem: "Para mí el modelo del éxito no es lineal. El éxito implica completar el círculo completo de sí mismo."

## DISFRUTE DEL PAISAJE

En todo esto uno se puede sentir como si se quedara atrapado en un círculo. Pero no olvide detenerse y observar dónde está y apreciar la experiencia. Y como sucede con la mayoría de cosas en la vida, si se siente extenuado por la infinidad de posibilidades o entusiasmado por estas, dependerá de su propia perspectiva.

Con bastante frecuencia, a medida que probamos lo largo y ancho del éxito, podemos olvidar detenernos cuando llegamos a una nueva cima, y reconocer, destacar y celebrar de alguna manera nuestros logros y observar el panorama que nos rodea; es precisamente por esos momentos que estamos allí. Si pasa por alto la importancia y el valor de esos momentos que originalmente fueron los que lo atrajeron a andar en la ruta de la aventura que emprendió, entonces corre el riesgo de perderse de las recompensas más preciadas de sus esfuerzos.

La satisfacción depende de dónde enfoca su atención. Si vive plenamente en el presente, tendrá muchísimas oportunidades de disfrutar el viaje. Si sólo vive pensando en el mañana y se enfoca sólo en el futuro, se perderá de momentos memorables y puede caer en la trampa de concentrarse en lo que no tiene y dejar de disfrutar lo que ya tiene. La clave del éxito consiste en cabalgar entre la felicidad y el contentamiento y hallar el equilibrio entre la satisfacción y la aspiración.

Por ejemplo, Charlie era un trabajador social que tenía problemas en reconocer sus logros. Estaba intensamente ocupado en ayudar a los desafortunados o a los que sufrían. Trabajaba en una clínica de Chicago que atraía a cientos de pacientes cada día y allí daba todo lo que podía para ayudar a tantos como fuera posible.

Charlie suministraba consejería sobre asuntos financieros a las familias cuyo proveedor principal había perdido su empleo. Hizo arreglos para que un médico visitara en su casa a un bebé enfermo. Contactó al hijo de un hombre mayor que padecía Alzheimer y le preguntó si él estaría dispuesto a llevarse a su padre para cuidar de éste en su casa. Charlie siempre se enfocaba en poder ayudar al mayor número de personas posible. Esto era excelente, en el sentido de que podía ayudar a tantas personas necesitadas. Sin embargo, Charlie nunca se tomaba el tiempo para celebrar el impacto positivo que tenía en las personas que ayudaba. A pesar de todo lo que hacía por la gente, él nunca se sentía satisfecho, y ello se debía a que nunca se permitió a sí mismo experimentar el valor intrínseco de su labor.

El resultado más drástico de no valorar lo que se tiene es estrés y por último la persona experimenta fatiga crónica. Se pierde de vista el objetivo si uno no se toma el tiempo para experimentar las alegrías. Uno pudiera despertarse un día y darse cuenta de que ha alcanzado sus metas sin siquiera tener recuerdos de ello.

## RECONOZCA SUS ÉXITOS

Es posible que no siempre usted sepa determinar cuándo es tiempo de pausar y celebrar sus logros. La vida a veces lo mantiene a uno ocupado, preocupado y distraído con los quehaceres, de modo que es bueno examinarse al respecto con frecuencia.

Deténgase de vez en cuando y hágase las siguientes preguntas:

1. ¿Qué he logrado recientemente de lo cual me pueda sentir orgulloso?
2. ¿Qué he aprendido recientemente durante mi viaje respecto al "aquí" y el "allá"?
3. ¿He crecido?

Hacerse estas preguntas lo pone a uno en modo de "pausa." Contestarlas le da a uno pistas respecto a dónde se halla uno en el camino. Al reconocer y enumerar las cosas que ha alcanzado y aprendido, se tiene prueba tangible del progreso obtenido. Estar al tanto de las cosas que se han logrado puede producir un profundo sentimiento de satisfacción y con base en ello puede detenerse y celebrar sus logros y progresos.

Jill, una de mis clientes, lleva este ejercicio un poco más allá. Ella hace el ejercicio no sólo para ella misma sino para los miembros de su compañía. Ella y sus dos socias se sientan cada diciembre y hacen una lista de lo que han logrado, desde victorias pequeñas hasta logros significativos. También ponen por escrito lo que han aprendido colectivamente como organización, registran los momentos en los que como grupo cooperaron bien y lo que funcionó y no funcionó en su totalidad. Como resultado, ellas terminan el año orgullosas de sus logros y establecen sus futuras estrategias. También derivan provecho de comparar la lista del año que termina con la del año anterior, destacando el crecimiento y proyectando la perspectiva de lo que puede venir en el futuro.

Cada vez que tenga la oportunidad, deténgase y aprecie la vista de cada logro. Experimente la belleza, disfrute de las dádivas y aprecie los aciertos de la vida que está viviendo. Además, observe la perspectiva de vida que está creando. La vista panorámica puede resultar de valor incalculable para su crecimiento y amor propio. Aunque es importante mantenerse enfocado en las metas futuras, también es igualmente importante de vez en cuando mirar atrás y ver cuán lejos se ha llegado.

## EL SIGNIFICADO DEL JUEGO

*Lo que con frecuencia llamamos el principio, es el fin.*
*Alcanzar un final es también comenzar un principio.*
*El final es el lugar desde donde se comienza de nuevo.*
—T. S. Eliot

Alcanzar el éxito es vivir una vida que vale la pena vivirse. Sin embargo, se convierte en una gran ironía el hecho de que el valor principal de jugar el juego no es la realización de las metas, sino más bien, haber aprendido las lecciones que se deben aprender mientras se juega el juego.

Cuando uno establece una meta, automáticamente establece el currículo de su propio progreso personal. Uno imagina que el objetivo es alcanzar la meta. Sea que usted esté consciente de ello o no, durante el viaje hacia su destino es donde ocurre el verdadero aprendizaje, no al momento de alcanzar la meta. La realidad es que la finalidad del juego es crecer. Las lecciones que aprende a lo largo del camino son lo que lo enriquecen como persona y hacen que avance lejos del lugar donde comenzó.

El crecimiento es un proceso que nunca termina. Por definición, cuando un ser vivo deja de crecer, se estanca y muere. La experiencia de ser humano comprende muchas diferentes fases de crecimiento, y cada nivel de logro alcanzado lo proyecta a uno a otro nivel de éxito totalmente nuevo.

Todo el mundo tiene la capacidad de mejorar. Sin importar lo que uno haya aprendido, siempre habrá más para aprender. Sin importar cuánto se haya logrado, uno puede todavía lograr más. Sin importar cuán sabio se haya hecho uno como persona, siempre habrá nuevas dimensiones de conocimiento. Quienes obtienen el máximo provecho de sus vidas son quienes acogen las posibilidades y se esfuerzan contínuamente por alcanzar mayores oportunidades de crecimiento.

Al final, el logro es un estado del ser. Es un sentimiento profundo de felicidad y ello es auténtico y satisfactorio en la realidad propia. El crecimiento, sin embargo, es un estado del "hacer". Cuando está jugando, el juego está en acción. Cuando alcanza el final de una de las fases del juego, experimenta satisfacción... y entonces el proceso vuelve a comenzar una vez más.

Porque mientras usted viva, siempre habrá nuevas aventuras para emprender, nuevas montañas para escalar y nuevas experiencias de las cuales aprender. El tiempo que se tiene a disposición se nos ha dado para que crezcamos en nuestro interior. Las metas que uno se pone y los logros que alcanza son los medios para lograrlo. Lo que verdaderamente importa cuando viajamos a través del camino es que nos detengamos de vez en cuando y experimentemos los gozos por lo que hayamos obtenido y de lo que hemos llegado a ser, antes de continuar en ese viaje apasionante.

El nombre del juego es "éxito" y obtenerlo es lo que verdaderamente importa.

# SOBRE LA AUTORA

La doctora Chérie Carter-Scott es una escritora de primera línea del *New York Times*. También es empresaria, conferencista internacional, consultora en temas administrativos, capacitadora corporativa en temas de motivación, ministra y piloto.

En 1974, la doctora Carter-Scott fundó el instituto MMS *Motivation Management Services Institute, Inc.,* el cual se especializa en temas de crecimiento personal y suministra programas, talleres, consultoría empresarial y programas de entrenamiento individualizados alrededor del mundo. Durante los últimos veinticinco años, ella y su hermana y socia, Lynn Stewart, han ayudado a miles de individuos a rediseñar sus vidas en los niveles profesional y personal. A través de su trabajo único e iluminado han continuado ayudando a muchas personas a emprender sus opciones de cambio de vida.

El *Taller de Negociación Interna* es el corazón de MMS. Este taller es un semillero humano en el que el verdadero ser emerge y se le da la oportunidad de crecer. Cuando esté conectado con su ser interno auténtico, usted estará en capacidad de visualizar, articular, magnetizar y alcanzar el éxito que siempre ha soñado.

La doctora Carter-Scott vive con su esposo e hija en Nevada y disfruta de pilotear un avión en el trayecto de las oficinas entre Nevada y Santa Bárbara.

## ESTIMADO LECTOR

Usted posee una sabiduría interna – su ADN espiritual. Éste está siempre disponible para guiarlo en su senda. Su mayor desafío consistirá en escucharlo, confiar en él y prestar atención a lo que escuche. El éxito podrá ser esquivo hasta el momento en que interiorice este concepto y lo haga propio.

El éxito está en quien lo contempla; se define en sus propios términos. Es tan variado como el número de personas que se esfuerzan por alcanzarlo.

Usted habrá logrado el éxito cuando haya alcanzado su potencial, cuando haya sido veraz consigo mismo, cuando haya amado a su prójimo, cuando haya cumplido su propósito, cuando haya hecho sus sueños realidad, cuando haya mejorado su calidad de vida, cuando haya hecho la diferencia, cuando mire en retrospectiva su vida y sepa que ha hecho lo mejor.

Si usted escucha sus mensajes internos, automáticamente se convierte en un éxito. La diferencia que separa a los que temporalmente obtienen una gratificación de los que verdaderamente se sienten realizados consiste en estar alineado con su verdadera senda y ser veraz consigo mismo.

Este libro, *Si el éxito es un juego, éstas son las reglas*, ha sido escrito para usted. Presenta las diez reglas para una vida satisfactoria, los principios universales que guían a la gente exitosa. Debe ser utilizado como compañero de viaje en el camino de la vida en busca de su misión y propósito. Utilícelo como obra de referencia a medida que pase por cada etapa. Remítase a él cuando tenga preguntas o se sienta confundido, inseguro o temeroso de haberse extraviado de la senda verdadera.

Si los principios de este libro hacen eco en usted, y desea más bocados de la sabiduría universal, lo incito a continuar su desarrollo espiritual a través de nuestros seminarios, programas de entrenamiento, entrenamiento personalizado y demás libros que he publicado.

Le deseo la realización de todos sus sueños y el éxito en todo lo que haga.

Chérie Carter-Scott, Ph.D.